Maria Cristina Berger   Maddalena Martini

Generation E

DEUTSCHSPRACHIGE
LANDESKUNDE IM
EUROPÄISCHEN
KONTEXT

Projektleitung und Redaktion: Jacqueline Tschiesche
Art Direction: Nadia Maestri
Computergraphik: Tiziana Pesce
Illustrationen: Laura Scarpa, Fabio Visintin
Bildbeschaffung: Laura Lagomarsino

Baustein 0 Europa: Maddalena Martini
Baustein 1 Geschichte: Maria Cristina Berger, Maddalena Martini, HV-Texte: Maddalena Martini
Baustein 2 Geographie:
LE 1: Maria Cristina Berger
LE 2: Maddalena Martini
LE 3: Maria Cristina Berger
LE 4: Maria Cristina Berger
LE 5: Maria Cristina Berger
Baustein 3 Kultur: Maddalena Martini
Baustein 4 Trends: Maria Cristina Berger
LE 6: Maddalena Martini
Baustein 5 Finale: Maria Cristina Berger
Seite 175: Jacqueline Tschiesche

Wir würden uns freuen, von Ihnen zu erfahren, ob Ihnen dieses Buch gefallen hat. Wenn Sie uns Ihre Eindrücke mitteilen oder Verbesserungsvorschläge machen möchten, oder wenn Sie Informationen über unsere Verlagsproduktion wünschen, schreiben Sie bitte an:
redaktion@cideb.it
http://www.cideb.it

© 2005 CIDEB Editrice, Genua
ISBN 88-530-0304-9
ISBN 978-88-530-0304-1
Erstausgabe April 2005

Vertrieb dieser Ausgabe durch
Ernst Klett Sprachen GmbH, Stuttgart
ISBN 3-12-675247-0
ISBN 978-3-12-675247-3

1. Auflage 1 ^{5432} / 10 09 08 07 06

Gedruckt in Genua, Italien, Litoprint

VORWORT

E gleich Europa: Wir leben in einer Epoche, in der die Grenzen zwischen den europäischen Staaten verschwinden. Europäische Jugendliche haben immer häufiger dieselben Interessen, Wünsche, Erwartungen und Freizeitbeschäftigungen, aber auch dieselben Ängste und Probleme. Die Unterschiede werden immer geringer, die Lebensgewohnheiten immer ähnlicher: Internet, schulische Austauschprojekte und universitäre Erasmus-Programme ermöglichen einen ständigen Informationsfluss und damit eine Übertragbarkeit der eigenen Historie auf die der europäischen Nachbarländer.
Aktuelle Landeskunde im dritten Millennium: eher die Gemeinsamkeiten im europäischen Charakter hervorheben, weniger dessen Unterschiede unterstreichen.

Lernziele: Das Landeskundewerk *Generation E* verfolgt die sprachenpolitischen Ziele des Gemeinsamen Europäischen Referenzrahmens für Fremdsprachen und insbesondere das Postulat, *.... dass es allein durch die bessere Kenntnis moderner europäischer Sprachen möglich sein wird, die Kommunikation und Interaktion zwischen Europäern verschiedener Muttersprachen zu erleichtern, und dass dadurch wiederum die Mobilität in Europa sowie gegenseitiges Verstehen und die Zusammenarbeit gefördert und Vorurteile und Diskriminierung überwunden werden können ....*

D-A-CH-Konzept: Regionale und nationale Vielfalt des deutschen Sprachraums als Thema des Landekundeunterrichts, d.h. Landeskunde sollte als tri-nationale, auch binnenkontrastive Landeskunde angelegt sein. Die Tatsache, dass Deutsch in verschiedenen Regionen Muttersprache ist, stellt eine besondere Chance für einen auf interkulturelle Kommunikation hin orientierten Unterricht dar.

Zielgruppe: *Generation E* richtet sich an Lerner der Oberstufe ab 16 Jahren mit mittleren Deutschkenntnissen (Niveau A2/B1 des Gemeinsamen Europäischen Referenzrahmens).

Methode: Interkulturalität und Kontrastivität stehen außer Frage. Kommunikation und Interaktion werden durch spezifische Strategien vermittelt und vertieft, der Wortschatz wird durch gezielte Übungen, auch mit vergleichenden und kontrastiven Verweisen auf Mehrsprachigkeit erweitert und gefestigt.

Aufbau des Lehrwerks: Der modulare Aufbau ermöglicht den Lehrern, ihren Klassen den Stoff nach thematischen Schwerpunkten ohne den Zwang einer chronologischen Reihenfolge anzubieten. Die Bausteine, in Lerneinheiten aufgeteilt, sind außerdem für fachübergreifende Projekte geeignet.

Aufbau der Bausteine: Jeder Baustein besteht aus autonomen Lerneinheiten.
Das Verständnis von Lese- und Hörtexten wird durch gezielte Lernstrategien erleichtert, an die sich Wortschatzerklärungen, Aufgaben zum Globalverständnis, zur gelenkten und freien mündlichen Interaktion sowie Übungen zur mehrsprachigen Wortschatzerweiterung anschließen.

Arbeitsmaterial: *Generation E* begleiten 2 Audio-CDs mit den vollständigen Hörtexten sowie musikalischen Hörproben. Das Lehrerhandbuch enthält alle Lösungen der Übungen, die Transkriptionen der Hörtexte und Zusatzinformationen.

Maria Cristina Berger, Maddalena Martini

INHALT

Europa

DU UND EUROPA

Quiz - Bist du europafit?

1. Was ist die EU?
   a. ☐ Eine Föderation von Staaten.
   b. ☐ Ein Kontinent.
   c. ☐ Eine Union von Staaten mit gemeinsamen Interessen und festgelegten Regeln.
   d. ☐ Keine Ahnung.

2. Wie viele Sterne hat die Europäische Fahne?
   a. ☐ 12
   b. ☐ 15
   c. ☐ 16
   d. ☐ Keine Ahnung.

3. Was bedeuten die Sterne?
   a. ☐ Die Mitgliedstaaten von heute.
   b. ☐ Die Vollkommenheit.
   c. ☐ Die ersten Mitgliedstaaten.
   d. ☐ Keine Ahnung.

4. Wie viele Staaten gehören im Jahr 2005 zur EU?
   a. ☐ 14
   b. ☐ 15
   c. ☐ 25
   d. ☐ Keine Ahnung.

5. Wie viele Einwohner hat die EU im Jahr 2005?
   a. ☐ Zirka 60 Millionen.
   b. ☐ Zirka 455 Millionen.
   c. ☐ Zirka 770 Millionen.
   d. ☐ Keine Ahnung.

6. Seit wann hat die EU eine gemeinsame Währung?
   a. ☐ Seit 2000.
   b. ☐ Seit 2002.
   c. ☐ Seit 2004.
   d. ☐ Keine Ahnung.

7. Welche Mitgliedstaaten haben nicht den Euro als Währung?
   a. ☐ Frankreich.
   b. ☐ Großbritannien, Dänemark, Schweden.
   c. ☐ Großbritannien.
   d. ☐ Keine Ahnung.

8. Wo ist der Sitz des Europäischen Parlaments?
   a. ☐ In Brüssel/Belgien.
   b. ☐ In Frankfurt am Main/Deutschland.
   c. ☐ In Straßburg/Frankreich.
   d. ☐ Keine Ahnung.

9. Wie viele Staaten sind 2004 der EU beigetreten?
   a. ☐ 9
   b. ☐ 10
   c. ☐ 12
   d. ☐ Keine Ahnung.

10. Wie viele Sprachen werden zur Zeit in Europa benutzt?
    a. ☐ 6
    b. ☐ 30
    c. ☐ 54
    d. ☐ Keine Ahnung.

11. Welcher Staat hat die höchste Bevölkerungszahl?
    a. ☐ Spanien.
    b. ☐ Deutschland.
    c. ☐ Italien.
    d. ☐ Keine Ahnung.

12. Welche Melodie hat die Europahymne?
    a. ☐ Die Marseillaise.
    b. ☐ Den Radetzky-Marsch.
    c. ☐ Beethovens Hymne „An die Freude".
    d. ☐ Keine Ahnung.

Auswertung

Richtige Antwort = + 1 Punkt
Keine Ahnung = 0 Punkt
Falsche Antwort = - 1 Punkt

12 Punkte: Gratuliere! Du bist ein echter Europäer!
10 Punkte: Du bist gut, aber du kannst noch besser werden.
8 Punkte: Du hast noch etwas zu lernen.
6 Punkte: Dein europäisches Bewusstsein muss noch wachsen.
4 Punkte: Leider hast du noch kein europäisches Bewusstsein.

Freude, schöner Götterfunken,
Tochter aus Elysium,
wir betreten feuertrunken,
Himmlische, dein Heiligtum.

Deine Zauber binden wieder,
was die Mode streng geteilt,
alle Menschen werden Brüder,
wo dein sanfter Flügel weilt.

Friedrich Schiller, *Hymne an die Freude*,
vertont von Ludwig van Beethoven

▲ F. Schiller

L. van Beethoven ▲

Eine Fahne braucht das Land

1 Verbinde Fahne und Land.

1. Belgien
2. Dänemark
3. Deutschland
4. Estland
5. Finnland
6. Frankreich
7. Griechenland
8. Großbritannien
9. Irland
10. Italien
11. Lettland
12. Litauen
13. Luxemburg
14. Malta
15. Niederlande
16. Österreich
17. Polen
18. Portugal
19. Schweden
20. Slowakei
21. Slowenien
22. Spanien
23. Tschechische Republik
24. Ungarn
25. Zypern

Von Europa zur EU

Der Europa-Mythos

Seinen Namen verdankt Europa einem kleinasiatischen Mädchen. Ihre Geschichte wird in der griechischen Mythologie erzählt. Europa war die Tochter des phönizischen Königs Agenor und seiner Frau Telephassa. Sie spielte eines Tages am Strand und pflückte zusammen mit anderen Mädchen Blumen. Da verwandelte sich Göttervater Zeus in einen Stier und entführte sie nach Kreta. Dort stand er plötzlich als schöner Jüngling vor ihr. Drei Söhne zeugte er mit ihr, einer davon war Minos, König von Kreta. Europa bekam göttliche Ehren, und später wurde nach ihr der Erdteil Europa benannt.

Der Raub Europas, Detail einer griechischen Vase
◀ (zirka 470 n. Chr.)

Geographie

Mit 10,1 Millionen Quadratkilometern ist Europa der zweitkleinste Erdteil. Die Einwohnerzahl der Europäischen Union vor dem Beitritt 2004 von 10 neuen Ländern war 375 Millionen. Seit dem 1. Mai 2004 beträgt die Zahl zirka 450 Millionen. Zum Vergleich: Die USA haben 282 Millionen Einwohner. Durch die Erweiterung verlagern sich die Außengrenzen der EU nach Osten.

Aus europäischer Sicht gelten das römische Reich, die Entwicklung der Demokratie, der Humanismus sowie die Ideen der Aufklärung als Meilensteine europäischer Geschichte. Diese Werte gehören zum Selbstverständnis der Europäer und spielen eine wichtige Rolle in ihrer internationalen Politik. Obwohl Europa aus geographischer Sicht an der riesigen Festlandsmasse Asiens hängt, (man spricht gelegentlich von *Eurasien*) haben die Menschen eine ureigene Geschichte, die bis in die Welt der Sagen und Legenden reicht.

Das Europa der „25"

Der lange Weg zur EU

1951
Deutschland, Frankreich, Italien und die drei Benelux-Staaten (Belgien, Niederlande, Luxemburg) gründen die Europäische Gemeinschaft für Kohle und Stahl (EGKS).

1958
Die „Römischen Verträge" zur Gründung der Europäischen Wirtschaftsgemeinschaft (EWG) und der Europäischen Atomgemeinschaft (EURATOM) treten in Kraft. Brüssel wird „EG-Hauptstadt".

1967
Durch Zusammenlegung der Organe der Teilgemeinschaften EGKS, EWG und EURATOM wird die Europäische Gemeinschaft (EG) geschaffen.

1972
Großbritannien, Dänemark und Irland treten der EG bei.

1979
Erste Direktwahl zum Europäischen Parlament.

1981-1986
Zunächst tritt Griechenland, dann Portugal und Spanien der EG bei.

1990
Die Außenminister Frankreichs, der Benelux- Staaten und der Bundesrepublik Deutschland unterzeichnen das Übereinkommen von Schengen.

1991
Vereinbarung in Maastricht des „Vertrags über die Europäische Union" mit institutionellen Reformen und der Einführung einer europäischen Währung bis spätestens 1999 .

1993
Der Maastricht-Vertrag tritt in Kraft. Für 345 Millionen Menschen aus den zwölf Mitgliedsländern wird der Europäische Binnenmarkt Wirklichkeit: freier Verkehr von Personen, Waren, Dienstleistungen und Kapital.

1995
Österreich, Finnland und Schweden treten der EU bei. Norwegen lehnt die EU-Mitgliedschaft ab. Der Vertrag über die Abschaffung von Personen- und Warenkontrollen an Binnengrenzen sowie über eine gemeinsame Sicherheits- und Asylpolitik – das sogenannte Schengener Abkommen – tritt in sieben EU-Staaten in Kraft.

1997
Der europäische Rat beschließt die Aufnahme von Zypern, Ungarn, Polen, Estland, der Tschechischen Republik und Slowenien.

2002
Am 1. Januar ersetzen die Euro-Banknoten und Münzen die nationale Währung in 12 Staaten.

2003
In Thessaloniki übergibt Konventspräsident Valéry Giscard d'Estaing den europäischen Staats- und Regierungschefs einen Entwurf zur Europäischen Verfassung.

2004
Zehn Staaten, darunter acht aus Osteuropa, sowie Malta und der griechische Teil Zyperns treten der EU bei.

2005
Frankreich und Holland lehnen in einem Referendum die Europäische Verfassung ab.

1951

2006

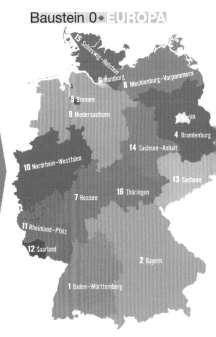

Expedition zum Nabel Europas

Die Nachricht kam aus Paris: Der Mittelpunkt der erweiterten Europäischen Union liegt im Westerwald. Über Nacht wurde ein Dorf im Landkreis Neuwied berühmt und zum Ausflugsziel von Reportern aller möglicher Medien. Sie suchten, was typisch ist an Europa – und fanden ein kleines Dorf namens Kleinmaischeid.

Was will die EU?

- Schutz von Freiheit und Demokratie, Achtung der Menschenrechte, der Grundfreiheiten und des Rechtsstaates.
- Errichtung einer Wirtschafts- und Währungsunion, die eine stabile Währung umfasst.
- Förderung der Solidarität zwischen ihren Völkern und des sozialen und wirtschaftlichen Fortschritts.
- Vertiefung der Unionsbürgerschaft.
- Entwicklung einer gemeinsamen Außen- und Sicherheitspolitik.
- Zusammenarbeit in den Bereichen Justiz und Inneres.

Platz für alle: das Europäische Parlament in Brüssel ▶

Sprechtraining

2 Und Du?

1. Welche Ziele findest du für das Alltagsleben der Europäer besonders wichtig?
2. Sind deiner Meinung nach einige Ziele schon erreicht? Wenn ja, welche? Wenn nein, welche nicht?
3. Welche anderen Ziele sollte deiner Meinung nach die EU verfolgen?

Redemittel

Ich finde ....
Meiner Meinung nach...
In der EU sollte man noch ...
Ich möchte, dass wir in der Zukunft...
Die EU sollte auch... vorsehen/ anstreben/erlauben/ermöglichen...

Der Teuro - Das Wort des Jahres 2002

Jedes Jahr wählt eine Jury des Instituts für Deutsche Sprache in Mannheim das „Wort des Jahres" und das „Unwort des Jahres", um eine besonders gelungene oder misslungene Wortschöpfung zu zeigen. 2002 wurde *Teuro* das Wort des Jahres mit folgender Begründung: „Die kurze Wortschöpfung aus *teuer* und *Euro* ist kreativ und prägnant zugleich". Die Erklärung: in den Wochen und Monaten nach der Einführung des Euro hatten viele Menschen den Eindruck, dass die neue Währung zu massiven Preiserhöhungen geführt hat. Das Schlagwort vom *Teuro* ging bald durch die Presse.

 Sprechtraining

3 Und Du?

1. Ist dein Land auch Mitglied der EU?
2. Wenn ja, seit wann?
3. An welche anderen EU-Mitgliedstaaten grenzt es?
4. Hat dein Land auch den Euro als Währung?
5. Wenn ja, welche Währung gab es in deinem Land vor 2002?
6. Hatten deine Landsleute auch den Eindruck, mit dem Euro seien alle Preise enorm gestiegen?
7. Welches deutsche Wort gefällt dir besonders gut?
8. Wird auch in deinem Land/in deiner Sprache das „Wort des Jahres" und das „Unwort des Jahres" gewählt?

Sprachenpolitische Ziele der EU

Aus dem Referenzrahmen

Der Europarat hat drei grundlegende Prinzipien der Sprachenpolitik festgelegt:

- Die Vielfalt der Sprachen und Kulturen in Europa ist ein wertvoller gemeinsamer Schatz.
- Nur durch die bessere Kenntnis moderner europäischer Sprachen wird es möglich sein, die Kommunikation und Interaktion zwischen Europäern verschiedener Muttersprachen zu erleichtern.
- Durch bessere Kenntnisse der Fremdsprachen können in Europa Mobilität, gegenseitiges Verstehen und Zusammenarbeit gefördert sowie Vorurteile und Diskriminierung überwunden werden.

Keine Diskriminierung mehr!

Die Europäische Kommission hat für die Beseitigung von Vorurteilen und Diskriminierungen vier Etappen vorgesehen:

- Etappe 1: Ignorieren von unterschiedlichen Lebenshaltungen wie „bei uns ist alles besser".
- Etappe 2: Bewusstwerden von Unterschieden durch interkulturelle Kontakte und Beobachtungen wie „es gibt auch andere Verhaltensweisen".
- Etappe 3: Tolerierung und Respektierung des „Andersseins" ohne Werturteil.
- Etappe 4: Akzeptierung, Wertschätzung und Nutzung der Unterschiede als Basis einer konstruktiven Zusammenarbeit.

Sprechtraining

4 Und Du?

1. Was meinst du zu diesen sprachenpolitischen Zielen?
2. Wie viele Sprachen kannst du schon?
3. Wie viele und welche lernst du zur Zeit?
4. Welche möchtest du weiter lernen?
5. Wo möchtest du später leben? In deinem Land oder bist du auch bereit, in ein anderes EU-Land zu gehen?
6. Hast du selbst Episoden von Diskriminierung oder Rassismus erlebt?
7. Findest du, diese Etappen sind leicht oder schwer zu verfolgen?

Redemittel

Ich finde, die sprachenpolitischen Ziele...
In der Schule lerne ich...
Ich habe (kein/viel) Interesse für Fremdsprachen, weil...
Ich möchte... lernen, weil...
Ich kann mir (gut/gar nicht) vorstellen, in einem anderen Land zu leben, weil...
Zu den vier Etappen meine ich, dass...
Wir haben selber erlebt, dass...
Wir meinen, in Zukunft sollten wir alle aufpassen/darauf achten, dass...

Dreimal Fit für Europa

Der Europass, der Europäische Lebenslauf und das Europäische Sprachenportfolio

A Damit du als Lehrling oder Praktikant klar nachweisen kannst, welche Kenntnisse du im Ausland erworben hast, gibt es den Europass. Berufliche Praxiserfahrungen in anderen Ländern sammeln, ist ein Plus für jeden Lebenslauf.

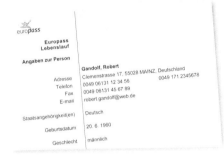

B Mit dem Europäischen Lebenslauf kannst du alle deine Kompetenzen darstellen, gleich ob in der Schule oder außerhalb der Schule erworben. Das Format mit einheitlichen Kriterien dient in ganz Europa als „Leitfaden" zum Verfassen von Lebensläufen. So kann man die Arbeitserfahrungen und den Bildungsstand jedes Europäers schnell vergleichen.

C Das europäische Sprachenportfolio (ESP) informiert über deine Fremdsprachenkenntnisse und interkulturellen Erfahrungen. Es zeigt dir aber auch, wie du deine Sprachkenntnisse selbständig beurteilen und für die Zukunft weiter planen kannst.

Sprechtraining

5 Und Du?

1. Hast du schon Erfahrungen mit dem ESP? **2.** Wenn ja, welche? **3.** Wenn nein, möchtest du mehr Informationen darüber?

Europa braucht mobile Sprachgenies

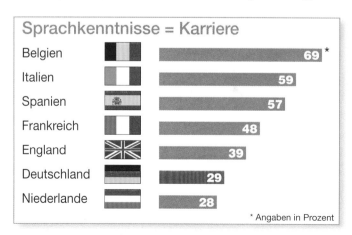

Sprachkenntnisse = Karriere

Land	Prozent
Belgien	69 *
Italien	59
Spanien	57
Frankreich	48
England	39
Deutschland	29
Niederlande	28

* Angaben in Prozent

Die meisten europäischen Führungskräfte empfehlen jungen Leuten, möglichst viele Sprachen zu erlernen. Nur deutsche und niederländische Manager halten Fremdsprachenkenntnisse nicht für karriereentscheidend. Dies hat eine Studie ergeben, für die fast 1500 europäische Führungskräfte befragt wurden. Deutsche Manager erwarten von Studenten, die eine Karriere anstreben, vor allem Lebenserfahrung (56 Prozent) und eine fundierte Bildung (51 Prozent).

Solche Anforderungen spielen in anderen Ländern wie Spanien, Frankreich und Italien eine kleinere Rolle. Einig dagegen sind sich die Befragten in einem: Der Karriere-Nachwuchs muss sich darauf einstellen, mobil zu sein. Diese Voraussetzung verlangen durchschnittlich 43 Prozent der Führungskräfte.

Kulturhauptstädte Europas

Europa wächst durch kulturellen Austausch zusammen. Die Idee, jährlich eine oder mehrere europäische Kulturhauptstädte zu benennen, entstand 1985 auf Initiative der damaligen griechischen Kulturministerin, Melina Mercouri. Das Ziel einer Kulturhauptstadt ist, Einheimischen und Besuchern markante Merkmale der Stadt, der Region und des Landes näher zu bringen und den kulturellen Austausch zu fördern. Bis 2004 gab es jeweils ein oder zwei Kulturhauptstädte. 2001 waren dies Rotterdam und Porto, 2002 Salamanca und Brügge. 2003 war Graz Kulturhauptstadt und 2004 ist die Wahl auf Genua und Lille gefallen. 2005 ist Irland mit Cork und 2006 Griechenland mit Patras an der Reihe. Deutschland wird im Jahr 2010 die Kulturhauptstadt Europas stellen.
Es bewarben sich u.a. Potsdam und Essen.

◀ Graz

Lille ▼

▲ Genua

Cork ▶

Patras ▶

 Recherche

6 Und Du?

1. Hatte dein Land/dein Nachbarland schon eine europäische Kulturhauptstadt?
2. Wenn ja, wann war das und welche Veranstaltungen gab es damals?
3. Warst du dabei? Was hat dir besonders gut gefallen? 4. Wenn nein, wann wird eine Stadt aus deinem Land Kulturhauptstadt und was wird organisiert? 5. Was möchtest du bei dieser Gelegenheit besuchen?

Kandidat 2010: Essen mit UNESCO- ▶
Weltkulturerbe Zeche Zollverein

Geschichte

AUF DEN SPUREN EUROPAS

Geschichte? Was soll denn das? Um Gottes willen! Nein danke!

Geschichte, das sind wir. Auch De Gregori, ein italienischer Liedermacher, singt *La storia siamo noi*.

Geschichte: gewissenhaft erforschte Wahrheit, aber auch Mythen, Legenden, Traditionen.

Was bedeutet für dich Geschichte?

▲ Der Reichstag in Berlin: ein Gebäude mit wechselvoller Geschichte

Vergleiche deine Assoziationen mit denen deiner Mitschüler.

1. Geschichte ist
   a. ☐ ein langweiliges Schulfach.
   b. ☐ unsere Vergangenheit.
   c. ☐ ein Schritt der Menschheit.
   d. ☐ morgen, was heute passiert.

2. Wie reagierst du auf Geschichte?
   a. ☐ Ich finde sie interessant.
   b. ☐ Sie hilft mir, die Gegenwart zu verstehen.
   c. ☐ Geschichte muss man sowieso lernen.
   d. ☐ Das hängt vom Lehrer ab...

3. Was erwartest du von diesem Baustein?
   a. ☐ Dass wir schnell durchkommen.
   b. ☐ Dass ich eine gute Note bekomme.
   c. ☐ Dass ich etwas Interessantes lerne.
   d. ☐ Dass ich die heutige Welt besser verstehe.

Lerneinheit 1

Römer und Germanen

Die Germanen im Urteil des Tacitus

Tacitus schreibt die *Germania* um das Jahr 98 nach Christus. Er lobt das einfache Leben der germanischen Völker und tadelt [1] damit zugleich alles, was er bei den Römern für dekadent hält.

◀ Tacitus

Nihil autem neque publicae neque privatae rei nisi armati agunt. Sed arma sumere non ante cuiquam moris, quam civitas suffecturum probaverit.

(ex: Tacitus – Germania § XIII)

Römische Münzen zur Zeit des Tacitus ◀

„Alle Angelegenheiten, die der Gemeinde ebenso wie die eigenen, erledigen [2] die Germanen in Waffen. Doch verbietet es die Sitte [3], dass sie jemand trägt, solange ihn die Gemeinde nicht für waffenfähig [4] erklärt hat…"

Worte&Wörter

1 **tadeln:** kritisieren.
2 **erledigen:** lösen.
3 **e Sitte(n):** e Gewohnheit(en).
4 **waffenfähig:** jmd, der eine Waffe tragen kann/darf.

Lesen und Verstehen

1 Weißt du die Antwort?

a. In welchem Jahr hat Tacitus die *Germania* geschrieben?
b. Was hat er bei den Germanen gelobt?
c. Was hat er bei den Römern kritisiert?
d. Wie lösten die Germanen ihre Probleme?

Von großer Bedeutung für Römer und Germanen: der Rhein ▶

Germanen auf Vormarsch

Die Hermannsschlacht

Im Jahr 9 n. Chr. schlugen [1] die Germanen in einer mehrtägigen Schlacht unter Hermann dem Cherusker (Arminius) die Legionen des Publius Quinctilius Varus im *saltus Teutoburgiensis* (Teutoburger Wald). Diese Schlacht ist aus römischer Sicht als *Varusschlacht* in die Literatur eingegangen. Die Schlacht beendet die Expansion des römischen Reichs jenseits von Rhein und Donau. Um sich vor den Germanen zu schützen, legten die Römer quer durch Deutschland eine 550 km lange Grenze an: den Limes.

▲ Die Varusschlacht auf einem Gemälde aus dem 19. Jh.

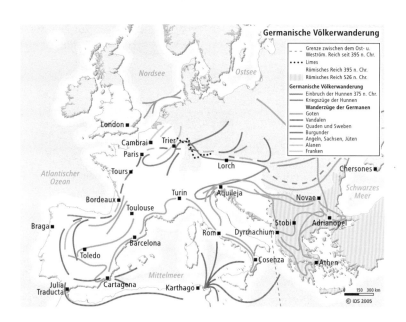

Die Völkerwanderung

Unter der Herrschaft Kaisers Marc Aurel durchbrachen [2] 166 n. Chr. germanische Völkerstämme den römischen Limes. Sie überquerten die Donau und erreichten im Jahr 170 den Hafen von Aquileia an der Adria. Damit begann ein historischer Prozess, die so genannte *Völkerwanderung*. Mehr als drei Jahrhunderte lang bestimmte [3] sie in verschiedenen Wellen die Geschichte des Römischen Reiches.

■ Worte&Wörter

1 **schlagen:** besiegen.
2 **durchbrechen:** durchdringen.
3 **bestimmen:** beeinflussen.

Lesen und Verstehen

2 Trage die Hauptinfos in die Tabelle ein.

Volk	Feldherr	Datum	Ort	Ergebnis	Folge

Karl der Große (768-814)

Karl der Große und das Karolingerreich

Der fränkische Kaiser hinterließ [1] ein Reich, in dem viele heute die Wiege Europas sehen. Seine Territorien reichten [2] vom Ebro bis zur Elbe, von der Nordsee bis nach Süditalien und bildeten die Grundlage für die Entstehung des französischen und des deutschen Volkes. Somit ist Karl, König der Franken, für das historische Bewusstsein beider Völker zur Symbolfigur geworden. 774 eroberte [3] er das Langobardenreich. Danach gelang es ihm, in zahlreichen Feldzügen, die Sachsen zu unterwerfen [4]. Nach dem Sieg in Pannonien, dem heutigen Ungarn, und über die Araber in Nordspanien, hatte er die Vormacht [5] in Europa und erhielt den Beinamen „der Große".

Karl setzte [6] in seinem Reich eine neue Ordnung durch. Das Gesetz sollte für alle Untertanen gelten, doch zugleich auch die Sitten und Bräuche in den eroberten Gebieten berücksichtigen [7]. Der Kaiser rief aus allen Ländern die größten Gelehrten an den Hof und trug [8] durch theologische Schulen zur Erziehung und Bildung des Volkes bei. Parallel zu den neuen Bildungsimpulsen löste sich die karolingische Architektur vom byzantinischen Einfluss. Es entstand der romanische Stil. Dieses Aufblühen der Kultur und Kunst nennt man die „karolingische Renaissance".

Im Jahre 800 zog Karl der Große nach Rom, wo er zum Kaiser des Römischen Reichs gekrönt wurde.

Karl der Große hoch zu Ross ▲ (Kirchenfenster in der Kathedrale von Chartres)

◀ Kaiserkrone Karls des Großen

Worte&Wörter

1 **hinterlassen**: vererben.

2 **reichen**: sich erstrecken.

3 **erobern**: ein Land besiegen.

4 **unterwerfen**: ein Volk besiegen.

5 **e Vormacht haben**: über alle herrschen.

6 **durchsetzen**: erreichen, dass etwas gemacht und realisiert wird.

7 **berücksichtigen**: respektieren.

8 **beitragen**: beeinflussen.

Das Karolingerreich

Grenze des Karolingerreiches
Unterworfene Völker

▲ Die Krönung Karls des Großen im Petersdom. Miniatur aus *Grandes chroniques de France*

Lesen und Verstehen

3 Trage die Hauptinfos in die Tabelle ein.

a.	Grenzen des Karolingerreichs	
b.	Länder und Völker	
c.	Die karolingische Staatsordnung	
d.	Die karolingische Förderung der Kultur	
e.	Soziale Entwicklung	
f.	Karolingische Architektur	
g.	Kaiserkrönung	
h.	Name des Reiches	

Karolingische Architektur: der Dom von ◀ Aachen

Sprechtraining

4 Erzähle das Leben Karls des Großen mit eigenen Worten.

Redemittel

Das erste wichtige Ereignis war ...

Später ...

Schließlich ...

Diese Ereignisse waren entscheidend, weil ...

Friedrich I. Barbarossa (1122-1190)

Stationen eines Kaisers

Friedrich Barbarossa mit seinen ▲
Söhnen Heinrich VI. und
Friedrich von Schwaben

1122?	Friedrich wird als einziger Sohn Herzogs Friedrich II. von Schwaben und der Welfin Judith geboren.
1152	Die Großen des Reiches wählen in Frankfurt am Main Friedrich III. von Schwaben als Friedrich I. zum König.
1155	Friedrich I. wird durch Papst Hadrian IV. zum Kaiser gekrönt.
1158	Friedrich Barbarossa bricht [1] nach Italien auf. Er bezwingt das rebellische Mailand und lässt seine kaiserlichen Hoheitsrechte von Juristen aus Bologna festsetzen [2].
1162	Friedrich belagert [3] Mailand und zerstört die Stadt fast vollständig.
1167	Die oberitalienischen Städte schließen [4] sich im Lombardischen Bund gegen Barbarossa zusammen.
1174-78	Er ist zum fünften Mal in Italien, jedoch scheitert [5] die Belagerung der neugegründeten Stadt Alessandria.
1177	Frieden von Venedig: Barbarossa gelingt es, die italienischen Konflikte zu beenden.
1189	Er bricht an der Spitze [6] des 3. Kreuzzugs nach Jerusalem auf.
1190	Friedrich Barbarossa ertrinkt [7] im südanatolischen Fluss Saleph, ohne das Ziel seines Kreuzzuges erreicht zu haben.

▮Worte&Wörter

1. **aufbrechen:** gehen, fahren, (*damals*) reiten, sich begeben.
2. **festsetzen:** definieren.
3. **belagern:** eine Stadt umschließen.
4. **sich in einem Bund zusammen schließen:** gemeinsam ein Ziel verfolgen.
5. **scheitern:** nicht gelingen.
6. **an der Spitze:** (*hier*) als Führer.
7. **ertrinken:** im Wasser sterben.

5 Weißt du die Antwort?

1. Hatte Barbarossa Geschwister?
2. Wann fand die Kaiserkrönung statt?
3. Wer krönte ihn zum Kaiser?
4. Warum kam er 1158 nach Italien?
5. Wann wurde Mailand fast total zerstört?
6. Welche Städte gehörten zum Lombardischen Bund?
7. Welche Stadt konnte er nicht belagern?
8. Wie endeten die Konflikte in Italien?
9. Warum erreichte Barbarossa Jerusalem nicht?
10. Was war die bedeutendste germanische Tugend im Mittelalter?
11. Nach welchem Prinzip handelte er?
12. Welche Hoffnungen hatte man nach seiner Krönung?

> *Der alte Barbarossa,*
> *Der Kaiser Friederich,*
> *Im unterird'schen Schlosse*
> *Hält er verzaubert sich.*
>
> *Er ist niemals gestorben,*
> *Er lebt darin noch jetzt;*
> *Er hat im Schloß verborgen*
> *Zum Schlaf sich hingesetzt.*
>
> *Er hat hinabgenommen*
> *Des Reiches Herrlichkeit,*
> *Und wird einst wiederkommen*
> *Mit ihr, zu seiner Zeit.*
>
> F. Rückert, *Barbarossa*

Friedrich II. von Staufen (1194-1250)

In Jesi bei Ancona 1194 als Sohn Kaiser Heinrichs VI. (und Enkelsohn von Friedrich Barbarossa) zur Welt gekommen, wurde Friedrich II. schon als Zweijähriger zum römisch-deutschen König gewählt. 1198 verzichtete seine Mutter Konstanze für ihn auf den Kaiserthron und ließ ihn nur zum König von Sizilien krönen. Friedrich II. baute Sizilien nach modernen Prinzipien zu einem zentralistischen Beamtenstaat aus und überließ 1220 seinem Sohn, Heinrich VII., das Reich. Noch zu Lebzeiten wurde der hochgebildete Kaiser, der Kunst und Wissenschaft an seinem Hof förderte, zu einer Symbolfigur.

Kaiser Friedrich II. ▲
(Miniatur aus dem
Mittelalter)

Castel del Monte
in Süditalien war
eine beliebte Residenz
◄ von Friedrich II.

 **Dein Wortschatz**

6 Welche Ausdrücke sind im Geschichtsunterricht und in -büchern typisch?
Sammle Substantive in verschiedenen Sprachen. Ergänze die Tabelle.

Deutsch	Italienisch	Englisch	Französisch	Spanisch	Weitere Sprache
e Geschichte(n)		history			
r Kaiser(-)	l'imperatore				
r König(e)			le roi		
r Sieg(e)					
e Vergangenheit(en)				el pasado	

7 Das Wort *Geschichte* kann unterschiedliche Bedeutungen haben.
Verbinde die linke Definition mit dem rechten Begriff.

1. ☐ Im Buch der Geschichte blättern.
2. ☐ Kinder hören gerne Geschichten.
3. ☐ Das ist eine peinliche Geschichte.
4. ☐ Mir ist neulich eine Geschichte passiert.
5. ☐ Wir haben drei Mal in der Woche Geschichte.
6. ☐ Du wärmst eine alte Geschichte auf.
7. ☐ Das ist aber eine nette Geschichte! (*ironisch*)
8. ☐ Mach keine Geschichten.
9. ☐ Das war eine ärgerliche Geschichte.
10. ☐ Der Filmregisseur hatte eine Geschichte mit einer Schauspielerin.
11. ☐ Die Hauptfigur dieser Geschichte ist Frau Holle.
12. ☐ Es ist die alte Geschichte.
13. ☐ In der Ausstellung findet ihr die Geschichte des Buchdruckes.
14. ☐ Das sind alles Geschichten.

a. s Abenteuer(-)
b. s Märchen(-)
c. e Liebesangelegenheit(en)
d. s Erlebnis(se)
e. e Überraschung(en)
f. e Schilderung(en)
g. e Vergangenheit(en)
h. Vergessenes, Vergangenes
i. unangenehme Sache
j. e Angelegenheit(en)
k. e Erzählung(en)
l. s Unterrichtsfach(¨er)
m. r Umstand(¨e)
n. Lügen, Redereien

8 Wortlabyrinth. Suche die versteckten Wörter.

1.
T	R	G
W	A	E
N	E	G

2.
I	D	A
T	N	R
I	O	T

3.
R	E	I
ß	G	C
O	R	H

4.
U	H	E
N	E	I
G	R	Z

5.
B	R	E
E	Ä	H
G	U	C

1. G _ _ _ _ _ _ _   2. T _ _ _ _ _ _ _   3. G _ _ _ _ _ _ _   4. E _ _ _ _ _ _ _   5. G _ _ _ _ _ _ _

9 Vom Verb zum Substantiv und umgekehrt.

ehren → e Ehre
hoffen → ....
bestrafen → ....
demütigen → ....

e Tat → tun
e Belagerung → ....
e Verletzung → ....
e Wahl → ....

Lerneinheit II

Vom Spätmittelalter bis zur Aufklärung

▲ Ansichten der Hansestädte Lübeck und Hamburg aus dem 16. Jh.

Lesen und Verstehen

Die Hansestädte im 14. und 15. Jh.

Zum Schutz ihrer Waren gründeten 1358 in Lübeck Kaufleute aus Deutschland und Nordosteuropa die Hanse. Dieser Bund war kein politischer Zusammenschluss, sondern eine Interessengemeinschaft [1]. Durch interne Streitigkeiten und durch die Konkurrenz der niederländischen und englischen Städte verlor die Hanse an Einfluss [2]. Als der Dreißigjährige Krieg den Ostseehandel unterbrach [3], löste sie sich endgültig auf. Die früheren Hansestädte Bremen, Hamburg und Lübeck haben in ihrem Autokennzeichen noch heute ein „H" als Erinnerung an die Hanse.

Worte&Wörter

1 **e Interessengemeinschaft (en):** Gruppe mit denselben Interessen.
2 **r Einfluss("e):** e Bedeutung.
3 **sich auflösen:** zu Ende gehen.

1 Was ist richtig?

1. Die Hanse entstand,
   a. ☐ weil die Kaufleute sich gegenseitig schützen wollten.
   b. ☐ weil sie mehr verdienen wollten.
   c. ☐ weil der Warentransport zu teuer war.
2. Hansestädte gab es
   a. ☐ in ganz Europa.
   b. ☐ in Nord- und Osteuropa.
   c. ☐ nur in Deutschland.

3. Die Hanse verlor an Macht,
   a. ☐ weil der Dreißigjährige Krieg den Handel unmöglich machte.
   b. ☐ weil Holland und England Konkurrenz ausübten.
   c. ☐ weil andere Länder mächtiger wurden.

Dein Wortschatz

2 Bilde nach dem Beispiel der Wortfamilie _fahren_ die Wortfamilie _kaufen_. Das Wörterbuch kann dir helfen.

Zugfahrt
Autofahrer · Autofahrt
Rennfahrer · Fahrer · Fahrt
Schweinfurt
Fahrzeug
Fähre · Furt
Wagenführer
Abfahrt · führen · Führerschein
abfahren · Führer
vorfahren · _fahren_
befahrbar · ausfahren
befahren

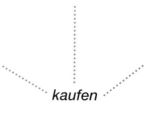

kaufen

Abschied vom Mittelalter - Martin Luther

Martin Luther lebte in einer Zeit mit vielen Spannungen und Konflikten. Es ist die Übergangszeit vom Mittelalter zur Neuzeit.

Angesichts [4] dieser Unruhen konnte die Kirche nicht wirksam reagieren. Diese allgemeine Glaubenskrise verschlimmerte sich, denn die Gläubigen waren durch den Luxus und das unmoralische Leben am päpstlichen Hof verunsichert.

Der Augustinermönch (1483-1546) erhielt 1512 eine Professur an der Universität Wittenberg. Doch zweifelte [5] er am Heil seiner Seele.

Schließlich erkannte Luther, dass allein der Glaube den Menschen vor Gott gerecht macht und dass alle guten Taten nicht ausreichen [7], um die Seligkeit zu garantieren.

Am 31. Oktober 1517 veröffentlichte [8] Luther in Wittenberg in lateinischer Sprache seine 95 Thesen. Darin bestritt [9] er den Wert von Ablassbriefen und kritisierte ihren Verkauf als unmoralisch.

Trotz der päpstlichen Aufforderung [10] zum Widerruf gab [11] Luther nicht nach. 1521 verstieß [12] ihn der Papst aus der Kirche.

Der Mönch verbrannte öffentlich die Bulle. Adel und Humanisten unterstützten[13] ihn.

Mit seiner Bibelübersetzung 1543 leistete[14] Luther einen wichtigen Beitrag zur Entwicklung der heutigen deutschen Sprache.

 Lesen und Verstehen

3 Weißt du die Antwort?

1. Welche Probleme hatte das Volk?
2. In welcher Zeit kam Martin Luther zur Welt?
3. Wie lebten damals die Päpste in Rom?
4. Reagierte die Kirche auf die sozialen Konflikte positiv?
5. Wer war Martin Luther und welche Sorge hatte er?
6. Was erkannte er?
7. Was war der Inhalt seiner berühmten 95 Thesen?
8. Wo schlug er sie an?
9. Wie reagierte der Papst in Rom?
10. Wie reagierte Luther auf die Bulle?
11. Wie reagierten Volk, Adel und Humanisten?
12. Welche Bedeutung hatte seine Bibelübersetzung?

▌Worte&Wörter

1 **r Ablassbrief(e)**: durch den Kauf dieser Briefe konnten die Katholiken sich von ihren Sünden befreien.

2 **vergeben**: entschuldigen.

3 **alle**: (*hier*) zu Ende.

4 **angesichts (Präp. + Gen)**: unter Berücksichtigung von, im Hinblick auf.

5 **zweifeln**: nicht sicher sein.

6 **jdm untertan sein**: von einem Herrscher abhängig sein.

7 **ausreichen**: genug sein.

8 **veröffentlichen**: publizieren.

9 **bestreiten**: in Frage stellen.

10 **e Aufforderung(en)**: fast ein Befehl.

11 **nachgeben**: seine Meinung ändern.

12 **aus der Kirche verstoßen**: entkommunizieren.

13 **unterstützen**: jdm helfen.

14 **einen Beitrag leisten**: mit einer Tat helfen.

 **Dein Wortschatz**

4 Ergänze mit den Wörtern aus der Liste.

Ablassbrief   Eilbote   Folgerungen   Sorge

auffordern   nachgeben   quälen   widerrufen   unmoralisch   unverschämt

1. Im 15. Jahrhundert kaufte man sich in der Hoffnung auf die Vergebung der Sünden einen
   ....
2. Niemand machte sich .... um das arme Volk.
3. Martin Luther kritisierte das skandalöse Benehmen der Kirche als ....
4. Der Papst fand die Thesen frech und ....
5. Ein .... überbrachte Martin Luther die dringende Nachricht aus Rom.
6. Trotz Bannandrohung .... sich Martin Luther nicht mit traurigen Gedanken.
7. Der Papst .... Martin Luther ...., seine Thesen zu ....
8. Ein Sprichwort sagt: der Klügere ...., aber Martin Luther war
   unbeweglich.
9. Aus dieser interessanten Geschichte kannst du praktische .... ziehen.

 Vorhang auf!

5 Rollenspiel. Erzählt die Geschichte Luthers aus vier Perspektiven.

1. Das Volk, das endlich die Bibel auf Deutsch lesen kann.
2. Der Papst, der Luther aus der Kirche verstoßen hat.
3. Luther selbst, der die 95 Thesen geschrieben hat.
4. Katharina, die endlich die Frau von Luther werden kann.

Der Dreißigjährige Krieg (1618-1648)

Der Dreißigjährige Krieg entstand zum einen aus den konfessionellen Gegensätzen zwischen Katholiken und Protestanten im Reich, zum anderen aus dem Aufstand [1] der deutschen Territorialfürsten gegen den Kaiser. Die religiöse Auseinandersetzung [2] war auch ein machtpolitischer Konflikt, der ganz Europa berührte. Der „Westfälische Friede" von 1648 schuf [3] eine neue europäische Ordnung. Die gewaltsame Gegenreformation und der kaiserliche Zentralismus waren gescheitert. Zurück blieben viele, viele Tote und ein verwüstetes [4] Europa.

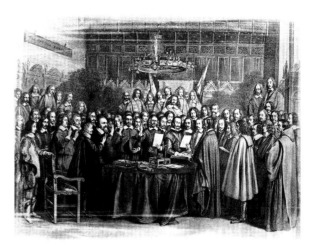

▲ Der Westfälische Friede (17. Jh.)

▌Worte&Wörter

1	**r Aufstand("e):** e Revolte.	3	**schaffen:** kreieren.
2	**e Auseinandersetzung(en):** r Streit.	4	**verwüstet:** zerstört.

Lesen und Verstehen

6 Was ist richtig?

1. Der Dreißigjährige Krieg
   a. ☐ war nur ein Religionskrieg.
   b. ☐ war ein Konflikt zwischen Papst und Kaiser.
   c. ☐ hatte politische und religiöse Gründe.

2. Vom Dreißigjährigen Krieg
   a. ☐ waren Deutschland und Österreich betroffen.
   b. ☐ waren Italien und Deutschland betroffen.
   c. ☐ waren alle europäischen Staaten betroffen.

3. Mit dem Westfälischen Frieden
   a. ☐ begann in ganz Europa die Restauration.
   b. ☐ entstand eine ganz neue Ordnung.
   c. ☐ blieb alles beim Alten.

4. Die Gegenreformation
   a. ☐ erstreckte sich auf ganz Europa.
   b. ☐ erreichte Rom.
   c. ☐ war teilweise ein Misserfolg.

Die Türkenbelagerungen von Wien (1529 und 1683)

Hören und Verstehen

7 Was ist richtig?

1. Die Türken wollten
   a. ☐ Wien erobern.
   b. ☐ Wien belagern.
   c. ☐ Wien besichtigen.
   d. ☐ in Wien einfallen.

2. Wien war damals
   a. ☐ die Hauptstadt der Donaumonarchie.
   b. ☐ die Hauptstadt des Kaiserreichs.
   c. ☐ die Hauptstadt Österreichs.
   d. ☐ die Residenz der Habsburger.

3. Im Jahr 1529
   a. ☐ war der Winter so kalt, dass die Türken zurück mussten.
   b. ☐ kam der Winter viel früher als sonst.
   c. ☐ hatten die Türken nicht mit dem kalten Winter im Norden gerechnet.
   d. ☐ wollten die Türken zurück in den warmen Süden.

4. Im Jahr 1683
   a. ☐ haben viele christliche Staaten gegen die Türken gekämpft.
   b. ☐ konnten die Türken erst mit Hilfe vieler europäischer Staaten besiegt werden.
   c. ☐ kämpfte die christliche Kirche gegen die Türken mit.
   d. ☐ verzichteten die Türken auf die Eroberung.

5. Mit diesem Sieg
   a. ☐ hatte das Christentum gesiegt.
   b. ☐ blieb Europa christlich.
   c. ☐ blieben die Osmanen in Osteuropa.
   d. ☐ hatten die Türken keine Lust mehr, das kalte Mitteleuropa zu erobern.

> *Reiten, reiten, reiten, durch den Tag, durch die Nacht, durch den Tag. Reiten, reiten, reiten. Und der Mut ist so müde geworden und die Sehnsucht so groß (…)*
> *„Aber zum Teufel, warum sitzt Ihr denn dann im Sattel und reitet durch dieses giftige Land den türkischen Hunden entgegen?"*
> *Der Marquis lächelt: „Um wiederzukehren."*
>
> R. M. Rilke, *Die Weise von Liebe und Tod des Cornets Christoph Rilke*

Dein Wortschatz

8 Wortfamilien. Vom Substantiv zum Adjektiv und umgekehrt.

s Europa → ....
r Frieden → ....
r Kaiser → ....
e Politik → ....
e Religion → religiös

.... → erfolgreich
.... → gesellschaftlich
.... → gewaltsam
r Kaufmann → kaufmännisch
.... → konfessionell
.... → mächtig

9 Adjektive mit verschiedenen Suffixen. Ergänze die Tabelle und suche weitere Beispiele. Das Wörterbuch kann dir helfen.

Suffix	Adjektiv
-arm	
-ell	aktuell
-ig	heilig
-isch	politisch
-lich	
-reich	
-sam	

10 Vergleiche die Adjektive in den Sprachen, die du kennst.
Ergänze die Liste. Was fällt dir auf?

Deutsch	Italienisch	Englisch	Französisch	Spanisch	Weitere Sprache
religiös	religioso	religious	religieux	religioso	

Vorhang auf!

11 Rollenspiel. Jede Gruppe wählt eine Situation.

1. Die Türken wollen zurück in die Heimat, weil es ihnen in Österreich zu kalt ist.
2. In Wien ist es kalt, aber die Bevölkerung freut sich über den frühzeitigen Winter.
3. Angst vor den Türken. Das Volk will etwas gegen sie unternehmen.
4. Ein österreichisches Mädchen und ein junger türkischer Soldat verlieben sich und sprechen über ihre Zukunft.

Friedrich der Große (1712-1786) und Maria Theresia (1717-1780)

Die Aufklärung und zwei vernetzte Karrieren

Friedrich der Große und Maria Theresia. Der eine Preuße, die andere Österreicherin. Zwei Gegenspieler [1] auf europäischem Boden und die bedeutendsten Herrscher zwischen Absolutismus und der Französischen Revolution. Ihr Ziel war das gleiche: Stärkung und Weiterentwicklung ihrer Staaten.

Maria Theresia, 1740 Königin von Ungarn und Böhmen und ab 1745 „römische Kaiserin", herrschte sowohl über Österreich als auch über zahlreiche deutschsprachige und anderssprachige Territorien, die dem früheren Heiligen Römischen Reich Deutscher Nation angehörten. Große Reformen kennzeichneten die Regierungszeit der Kaiserin, darunter Förderung [2] von Handel und Landwirtschaft, die Einführung der allgemeinen Schulpflicht, die Abschaffung [3] der Folter [4] und die Reduzierung des Einflusses der Kirche. Die Kaiserin, die Mutter von 16 Kindern war, zeichnete sich bis zu ihrem Tode durch großen Fleiß und tiefes Pflichtbewusstsein aus.

Maria Theresia ▼

Als bedeutender Vertreter des aufgeklärten Absolutismus führte Friedrich II. den jungen Staat Preußen zu einer europäischen Großmacht. Innenpolitisch betrieb er Siedlungspolitik, baute Kanäle, förderte das Schulwesen und die Wissenschaft. Auch er schaffte die Folter ab, bildete ein hervorragendes

Friedrich der ▲ Große, genannt der „Alte Fritz"

Schloss Schönbrunn.
Ausgebaut 1743
unter Maria Theresia
erstrahlt es seitdem
im typisch
habsburgerischen
◀ Gelb

Heer (ca. 150000 Soldaten), schützte die Bauern vor den Gutsherren, begann mit dem Merkantilismus [5] und verkündete die allgemeine Glaubens- und Gewissensfreiheit. Er selbst war ein guter Freund von Voltaire und sah sich nach den Maximen des aufgeklärten Absolutismus als „erster Diener des Staates". Privat war er aber ein einsamer und unglücklicher Mann.

Der Siebenjährige Krieg (1756-63) war ein Duell zwischen Friedrich II. von Preußen und Maria Theresia um die Vorherrschaft in Europa. Beide suchten bei europäischen Herrschern Bündnispartner, doch brachte dieser Krieg weder den Hohenzollern noch den Habsburgern Glück. Der Gewinner war Großbritannien. Es wurde die Kolonialmacht der Zukunft.

■ Worte&Wörter

1 **r Gegenspieler(-):** r Feind.

2 **e Förderung(en):** e Entwicklung.

3 **e Abschaffung(en):** e Eliminierung.

4 **e Folter(n):** e Misshandlung von Gefangenen.

5 **r Merkantilismus:** Lenkung der Wirtschaft durch den Staat.

 Lesen und Verstehen

12 Was ist richtig?

1. ☐ Maria Theresia und Friedrich der Große waren gute Freunde.
2. ☐ Sie hatten unterschiedliche Meinungen zur Rolle eines Herrschers.
3. ☐ Sie sahen im Dienst des Staates ihre erste Pflicht.
4. ☐ Sie waren keine aufgeklärten Herrscher.
5. ☐ Sie wollten ungestört regieren.
6. ☐ Maria Theresia herrschte in zwei Staaten.
7. ☐ In ihrem Reich sprachen alle Deutsch.
8. ☐ Habsburger und Hohenzollern brauchten im Siebenjährigen Krieg die Hilfe von anderen europäischen Nationen.
9. ☐ Preußen erreichte mit dem Krieg sein Ziel.
10. ☐ Das Kolonialimperium Großbritanniens begann mit diesem Krieg.
11. ☐ Unter der Regierung beider Herrscher wurde der Handel weiter entwickelt.
12. ☐ In jener Epoche begannen alle Kinder, die Schule zu besuchen.
13. ☐ Friedrich der Große machte aus dem kleinen Königreich Preußen einen großen europäischen Staat.
14. ☐ In seinem Leben hatte Kultur einen hohen Wert.

Die Anlage des Parks Sanssouci mit dem weltberühmten Schloss Sanssouci erfolgte in der Regierungszeit Friedrichs des Großen ▶

Dein Wortschatz

13 Bilde zwei Assoziogramme mit den Wörtern aus der Liste.

> Abhängigkeit Abschaffung der Folter
> Allianzen Analphabetismus Folter
> Förderung von Handel, Gewerbe und
> Landwirtschaft Frieden
> Glaubensfreiheit Hegemonie Kampf
> Kolonialismus allgemeine Schulpflicht
> Unterdrückung

fortschrittlich

rückschrittlich

14 Ergänze mit den passenden Verben im Präteritum.

> ausbrechen auszeichnen bringen
> dienen halten herrschen
> kennzeichnen verfolgen

1. Beide Herrscher .... ihr Leben lang das gemeinsame Ziel, ihre Pflicht für das Volk zu tun.
2. Sie .... es für ihre Aufgabe dem Staat zu dienen.
3. Die Kaiserin .... über zahlreiche Territorien und .... sich durch Fleiß und Pflichtbewusstsein ....
4. Ein langfristiger, harter Kampf um die Vorherrschaft in Europa ....
5. Tiefgreifende Reformen .... die Regierungszeit.
6. Wem .... der Siebenjährige Krieg den größten Gewinn?

EUROSPRACHEN

15 Trage das Synonym aus der Liste in Spalte 2 ein.
Ergänze dann wie im Beispiel mit Wörtern aus den Sprachen, die du kennst.

> Landwirtschaft Sinnbild Tatkraft Gebiete Vorherrschaft Gewinn
> verringern herrschen abschaffen typisch allgemein

Deutsch 1	Deutsch 2	Italienisch	Englisch	Französisch	Spanisch	Weitere Sprache
r Profit(e)	Gewinn	guadagno	profit	gain	ganancia	
e Hegemonie(n)						
Territorien(Pl.)						
e Agrikultur(en)						
s Symbol(e)						
e Aktivität(en)/ e Energie(n)						
regieren						
annullieren						
reduzieren						
charakteristisch						
global/generell						

16 Kennzeichne mit einer Farbe, welche Wörter in den unterschiedlichen Sprachen gleich oder ähnlich sind.

Lerneinheit III

Revolutionen in Europa

Dein Wortschatz

1 Die Französische Revolution.
Erstelle ein Assoziogramm.

Sturm auf die Bastille

Die Französische Revolution

■Worte&Wörter

1   **e Auswirkung(en)**: e Folge, r Effekt.
2   **e Auseinandersetzung(en)**: r Streit, r Kampf.
3   **r Aufstieg(e)**: (*hier*) e Verbreitung.
4   **e Festlegung(en)**: e Bestimmung; danach wird etwas nicht mehr in Frage gestellt.
5   **einheitlich**: gleich.
6   **r Ansturm("e)**: r Angriff.

Die Französische Revolution, Napoleon und die Auflösung des Heiligen Römischen Reiches Deutscher Nation.

Die Französische Revolution hatte erhebliche Auswirkungen [1] auf Europa. Sehr schnell verbreiteten sich die neuen Ideen mit den Leitsätzen *Liberté, Egalité, Fraternité*. Denn Frankreich führte Kriege, um seine Ideale zu „exportieren". Politische Auseinandersetzungen [2] stehen seit 1789 im Zeichen der Begriffe „Volk", „Vaterland", „Nation", „ Freiheit des Einzelnen". Die alten sozialen Bindungen und Abhängigkeiten lösten sich auf und erleichterten dadurch den Aufstieg [3] des Kapitalismus. Eine negative Folge der Revolution war die Verstärkung der Nationalismen. Positiv hingegen war die Festlegung [4] von einheitlichen [5] Maßen, Gewichten und Rechten für alle Menschen in den von Frankreich besetzten Ländern.

Unter dem Ansturm [6] der Heere Napoleons brach das deutsche Reich endgültig zusammen. Frankreich nahm sich das linke Rheinufer. Die meisten Staaten in Mitteldeutschland schlossen sich 1806 unter französischem Protektorat zum Rheinbund zusammen.

Lesen und Verstehen

2 Trage die Hauptinfos ein.

1. Positive Folgen der Französischen Revolution in Europa

....

2. Negative Folgen der Französischen Revolution in Europa

....

3. Soziale Bedeutung der Französischen Revolution

....

4. Neue Begriffe

....

5. Territoriale Änderungen in Deutschland und Europa

....

Recherche

3 Und Du?

Napoleon in deinem Land. Freund oder Feind? Befreier oder Besetzer? Frage deine Lehrer, deine Verwandten, recherchiere in Geschichtsbüchern oder im Internet.

▲ Napoleon Bonaparte in einer zeitgenössischen Abbildung

Der Wiener Kongress

Fünfzehn gekrönte Häupter, 200 Fürsten und 162 Diplomaten aus Europa und den Vereinigten Staaten nahmen vom September 1814 bis Juni 1815 am Kongress teil, um die politische Karte Europas neu zu bestimmen. Und: es wurde kräftig gefeiert. „Der Kongress tanzt" hieß es damals ironisch.

Nach dem Wiener Kongress trat der Deutsche Bund an die Stelle des alten Reiches. Er war ein loser Zusammenschluss von souveränen Einzelstaaten.

Einziges übergreifendes Organ war der Bundestag in Frankfurt, kein gewähltes Parlament, sondern ein Gesandtenkongress[1].

Europa nach dem Wiener Kongress 1815

Parma restaurierte und neugeschaffene Staaten
— Grenze des Deutschen Bundes 1815
■ Freie Reichsstädte
Preußen
Rück- und Neuerwerbungen 1815
Bayern
Rück- und Neuerwerbungen 1815
Österreich-Ungarn
Rück- und Neuerwerbungen 1815
Nebenlinien des Hauses Habsburg

© IDS 2005

▲ J. B. Isabey, *Der Wiener Kongress* (1814)

Handlungsfähig [2] war der Bund nur dann, wenn die beiden Großmächte Preußen und Österreich übereinstimmten [3]. Der Frankfurter Bundestag unterdrückte alle auf Einheit und Freiheit gerichtete Wünsche. Presse und Publizistik waren unter Zensur [4], eine politische Betätigung war so gut wie unmöglich. Man überwachte [5] die Universitäten. Darauf reagierten die deutschen Studenten mit starkem Protest.

Lesen und Verstehen

4 Weißt du die Antwort?

1. Wie lange dauerte der Wiener Kongress?
2. Wie viele Kongressteilnehmer waren insgesamt dabei? Waren es ausschließlich Herrscher aus Europa?
3. Wie war die Stimmung unter den Kongressteilnehmern und wie empfanden die europäischen Bürger den Kongress?
4. War der Deutsche Bund in seinen Entscheidungen autonom?
5. Was war der Frankfurter Bundestag?
6. Welche Staaten beeinflussten stark die Politik des Frankfurter Bundestages?
7. War die Politik des Deutschen Bundes fortschrittlich oder rückschrittlich?
8. Kann man den Deutschen Bund als einen Schritt auf dem Weg zum Vereinten Europa betrachten? Begründe deine Meinung.

Worte&Wörter

1 **r Gesandte(n):** r Delegierte.
2 **handlungsfähig:** man kann handeln, etwas tun und entscheiden.
3 **übereinstimmen:** einverstanden sein.
4 **e Zensur(en):** (*hier*) e Kontrolle.
5 **überwachen:** kontrollieren.

Auf dem Weg zur Nationaleinheit

▲ Giuseppe Mazzini
(1805-1872)

Ganz im Gegensatz zu den Idealen der Französischen Revolution bestimmte die politische Unterdrückung [1] das 19. Jahrhundert. Proteste und Revolten wurden in Großbritannien und in Deutschland mit Gewalt erstickt [2]. In Italien bildeten sich revolutionäre Geheimbünde [3], die so genannten *Carbonari* (Köhler). Mit dem Ziel, die Bevölkerung der italienischen Halbinsel für eine freie und vereinigte Republik zu gewinnen, gründete der Nationalist Giuseppe Mazzini 1831 die Bewegung *Giovine Italia* (Junges Italien). Das führte zur Entstehung weiterer revolutionärer Gruppen in ganz Europa, wie das *Junge Deutschland* und das *Junge Polen*, die in ihren Heimatländern nationale Einheit und Unabhängigkeit anstrebten. 1834 schloss Mazzini diese Gruppen im *Jungen Europa* zusammen.

Worte&Wörter

1 **e Unterdrückung(en):** s Verbot.
2 **ersticken:** gewaltsam unterdrücken.
3 **r Geheimbund("e):** Vereinigung, die ihr Ziel geheim hält.

Lesen und Verstehen

5 Was ist richtig?

1. ☐ Die Ideale der Französischen Revolution hatten ein kurzes Leben.
2. ☐ In vielen europäischen Ländern gab es Volksaufstände.
3. ☐ Die nationale Politik war überall sehr freiheitlich.
4. ☐ Die Geheimbünde waren von der Regierung nicht erlaubt.
5. ☐ Nur in Italien gab es Geheimbünde.
6. ☐ Die Geheimbünde hatten alle dieselben Ziele.

Dein Wortschatz

6 Ein Ausdruck – Zwei Synonyme. Ordne richtig zu.

einen Einfall haben   etwas nicht verstehen können   ein Ideal verteidigen   etwas mitteilen
für eine Idee eintreten   keine Ahnung haben   unwissend sein   auf einen Gedanken kommen
etwas bekannt machen   sich etwas nicht vorstellen können

a. auf eine Idee kommen   1. ....   2. ....
b. eine Idee verbreiten   1. ....   2. ....
c. für eine Idee kämpfen   1. ....   2. ....
d. sich davon keine Idee machen 1. ....   2. ....
e. nicht die geringste Idee von etwas haben   1. ....   2. ....

7 *Stehen* hat viele Bedeutungen. Ordne die Synonyme zu. Wie heißt der Ausdruck in deiner Muttersprache?

Deutsch	Synonym	Deine Muttersprache
1. ☐ im Zeichen stehen	a. etwas behindern	....
2. ☐ jdm im Weg stehen	b. im Vergleich zu ... Punkte haben	....
3. ☐ zu etwas stehen	c. etwas unterstützen	....
4. ☐ auf etwas stehen (*Ugs.*)	d. von etwas geprägt sein	....
5. ☐ zwei zu Null stehen	e. jdm helfen	....
6. ☐ hinter jdm stehen	f. etwas mögen	....

8 Ergänze die Sätze mit den Wendungen aus Übung 7.

1. .... du .... Geschichte?
2. Im Geschichtsquiz .... die Gegenspieler drei .... zwei.
3. .... den Verbündeten des „Jungen Europas" .... Mazzini.
4. Die Französische Revolution .... von „Freiheit", „Gleichheit", „Brüderlichkeit".
5. Dem Demokratisierungsprozess .... die Restauration ....

Das Junge Deutschland und die Revolutionen von 1848

Um 1835 hatte Europa mit wirtschaftlichen Schwierigkeiten, Arbeitslosigkeit, Missernten[1] und Preissteigerungen zu kämpfen, die schnell soziale Unruhen verursachten[2]. 1848 brachen zur gleichen Zeit Aufstände in Frankreich, in Italien, in Österreich und in Deutschland aus. In allen deutschen Ländern kam es im März 1848 zu Revolten der Bevölkerung, die von den Fürsten Konzessionen verlangten. Um ihren Thron zu retten, gaben die Fürsten ihren Untertanen freiheitliche Verfassungen[3]. Nur wenig später wurden aber viele Verfassungen im reaktionären Sinne revidiert.

◀ Barrikaden am Berliner Alexanderplatz im März 1848

Worte&Wörter

1 **e Missernte(n):** schlechte Ernte.
2 **verursachen:** als Folge haben.
3 **e Verfassung(en):** das Grundgesetz eines demokratischen Staates.

Lesen und Verstehen

9 Weißt du die Antwort?

1. Was verursachte die sozialen Unruhen in Europa? ....
2. In welchem Abstand brachen die Aufstände aus? ....
3. Wie reagierten die Regierenden zuerst? ....
4. Erreichte die 48-Revolution das, was sie anstrebte? ....
5. Was waren die Ziele der Protestaktionen? ....

Ein Mann mit großen Folgen - Karl Marx (1818-1882)

 Hören und Verstehen

10 Wir besichtigen heute das Marxhaus in Trier. Was ist richtig?

1. ☐ Seine erste Stelle hatte Marx in Köln bei einer rechtsliberalen Zeitung.

2. ☐ Nach dem Verbot der Zeitung wurde er ins Exil geschickt.

3. ☐ In Paris kam er mit der Arbeiterbewegung in Kontakt.

4. ☐ Sein bester Freund und Kollege war Friedrich Engels.

5. ☐ Er musste Frankreich verlassen und nach England ziehen.

6. ☐ In *Das Kapital* schrieb er eine Kritik an der modernen Gesellschaft.

7. ☐ 1848 ging er wieder ins Exil.

8. ☐ Die von ihm gegründete *Neue Rheinische Zeitung* war gegen die Nationaleinheit.

9. ☐ Sein letzter Wohnsitz war in England.

Lerneinheit IV

Vom Aufstieg Preußens bis zum Ende des Ersten Weltkriegs (1871-1918)

Bismarck und das Kaiserreich

Bismarck, wegen seines starken Willens der eiserne [1] Kanzler genannt, wollte die Vollendung der Deutschen Einheit im kleindeutschen Sinne, d.h. ohne Österreich. Den Widerstand Frankreichs brach er im deutsch-französischen Krieg (1870-71). Frankreich musste auf Elsass-Lothringen verzichten und hohe Reparationssummen zahlen.

Nach der Auflösung des Deutschen Bundes 1866 entstand der Norddeutsche Bund, der alle deutschen Staaten nördlich des Mains umfasste und Otto von Bismarck zum Bundeskanzler ernannte (1862).

▲ Otto v. Bismarck (1815-1898)

Nach dem Sieg über Frankreich schlossen sich dann auch die süddeutschen Staaten mit dem Norddeutschen Bund zum Deutschen Reich zusammen. In Versailles wurde am 18. Januar 1871 König Wilhelm I. von Preußen zum deutschen Kaiser ausgerufen. Durch eine konsequente Friedens- und Bündnispolitik versuchte Bismarck dem Reich eine gesicherte Stellung im neuen europäischen Kräfteverhältnis zu schaffen. In seiner Innenpolitik hatte er kein Verständnis für die demokratischen Tendenzen seiner Zeit. Politische Opposition war für ihn reichsfeindlich[2]. Mit den so genannten Sozialistengesetzen verbot er 1878 sozialdemokratische, sozialistische oder kommunistische Bestrebungen. Bismarck regierte 19 Jahre lang als Reichskanzler und wurde 1890 vom jungen Kaiser Wilhelm II. entlassen[3].

▲ Wilhelm II. (1859-1941), deutscher Kaiser und König von Preußen

Lesen und Verstehen

1 Weißt du die Antwort?

1. Was war Bismarcks bekannteste Eigenschaft?

....

2. Hatte er die Absicht, auch Österreich dem deutschen Staat anzuschließen?

....

3. Mit welchem Ergebnis endete der Krieg 1870-71?

....

4. Welche Folgen hatte in Deutschland der Sieg über Frankreich?

....

5. Wer wurde zum Kaiser ausgerufen?

....

■ Worte&Wörter

1 **eisern:** (*hier*) sehr hart, streng.
2 **reichsfeindlich:** gegen die Interessen des Reichs.
3 **entlassen:** vom Dienst befreien.

6. Was charakterisierte Bismarcks Außenpolitik?

....

7. Was seine Innenpolitik?

....

8. Wie waren seine Verhältnisse zur Opposition?

....

9. Waren seine „Sozialistengesetze" demokratisch?

....

Es geht aufwärts! Die Gründerjahre

Die Bevölkerung Deutschlands in ihrer Verteilung auf Stadt und Land

1800	Land 75%		Stadt 25%
1875	Land 60%		**Stadt 40%**
			Kleinstadt Großstadt

Stille Orte auf dem Land werden zu Großstädten

Die Bevölkerungszunahme im Ruhrgebiet

Um 1819	1871		1960	aktuell
4800	52000	Essen	727000	
4500	44000	Dortmund	638000	
5200	33000	Duisburg	502000	
900	8000	Gelsenkirchen	390000	
2100	21000	Bochum	362000	

▲ A. von Menzel, *Selbstbildnis im Walzwerk*, (1845)

 Sprechtraining

2 Erkläre die Grafik mit Hilfe der Fragen. Dann suche die aktuellen Bevölkerungszahlen der fünf Städte. Was ist passiert?

1. Was zeigt die Grafik?
2. Wo war die Bevölkerungszunahme am stärksten?
3. Was könnte diese Entwicklung verursacht haben?
4. In welchem deutschen Bundesland liegen die Städte?

Redemittel

Die Grafik stellt ..... dar.

Zu Beginn des 19. Jahrhunderts lebten die Deutschen vorwiegend .....

Mit der Industrialisierung .....

Die Angaben zeigen, dass .....

Die Bevölkerungszunahme war am stärksten .....

Die Bevölkerungszahl stieg in ..... um das Doppelte/Dreifache/Vierfache/Zehnfache.

Um ..... lebten im Ruhrgebiet zirka .....

Interessant ist für mich, dass .....

@ **Recherche**

3 Und Du?

Wie war es damals in deinem Land? Frage deine Lehrer, deine Verwandten. Recherchiere in Geschichtsbüchern und im Internet.

1. Gab es in derselben Zeit in deinem Land auch so einen Boom? Wenn ja, was hat ihn verursacht? Wenn nein, was hat ihn verhindert?
2. Wann begann die Industrialisierung in deinem Land und auf welchen Gebieten?
3. Wann ist in deinem Land die Bevölkerung gestiegen?
4. Kennst du Beispiele aus der Architektur dieser Zeit? Wie findest du diese Architektur? Gibt es auch in deinem Land Gebäude aus derselben Zeit?

Europa geht dem Ersten Weltkrieg entgegen

Deutschland zählte seit der Jahrhundertwende zu den Großmächten Europas: es entwickelte sich vom Agrar-
5 zum Industriestaat und seine Bevölkerung nahm gewaltig zu. Die Industrie gewann eine führende Rolle auf vielen Gebieten, der
10 Außenhandel weitete sich immer weiter aus [1], die Handelsflotte schob sich an die zweite Stelle hinter Großbritannien vor die USA.
15 Deutschland erwarb [2] außerdem Kolonien und schuf [3] zur Sicherung seiner Weltmachtstellung ein großes Heer und eine ständig
20 wachsende Kriegsflotte. Diesen Aufstieg verfolgten [4] die übrigen Mächte, ins-

besondere England, mit Unruhe. Nationale Machtpolitik und Imperialismus verbreiteten sich in der ganzen Welt. Es begann ein gegenseitiges Wettrüsten [5] und jede Regierung suchte nach offenen oder geheimen Alliierten, um die eigene Stellung zu sichern.

Das Deutsche Reich von 1871 - 1918

1	Oldenburg
2	Grhzm. Oldenburg
3	Grhzm. Mecklenburg-Schwerin
4	Grhzm. Mecklenburg-Strelitz
5	Fsm. Lippe
6	Hzm. Braunschweig
7	Hzm. Anhalt
8	Fsm. Waldeck
9	Reichsland Elsass-Lothringen 1871
10	Grhzm. Baden
11	Hohenzollern

© IDS 2005

Worte&Wörter

1. **sich ausweiten:** größer werden.
2. **erwerben:** etwas für sich gewinnen.
3. **schaffen:** etwas aufbauen.
4. **verfolgen:** (*hier*) beobachten.
5. **s Wettrüsten:** Kriegsvorbereitungen, um die beste und stärkste Kriegsmacht zu werden.

Lesen und Verstehen

4 A. Suchen und Finden.

Wo steht das im Text?	Zeile
1. Die Bevölkerungsdichte war gestiegen.	
2. Viele deutsche Produkte wurden exportiert.	
3. Auch Deutschland hatte Kolonien.	
4. Deutschland spielte am Ende des 19. Jahrhunderts eine wichtige Rolle in Europa.	
5. In Deutschland wurden die Kriegsvorbereitungen immer intensiver.	
6. Die deutsche Handelsflotte stand an zweiter Stelle und die der USA an dritter.	
7. Viele europäische Nationen schlossen offene und geheime Allianzen.	

B. Rekonstruiere jetzt die chronologische Reihenfolge.

a.	b.	c.	d.	e.	f.	g.

Dein Wortschatz

5 Zu jedem Oberbegriff gibt es drei Unterbegriffe in der rechten Spalte. Ergänze.

Friedenspolitik   Adel   geheime Allianzen   Vorherrschaft   Bürgertum   Weltgeltung

Imperialismus   Bündnispolitik   Heer verstärken

Innen- und Außenpolitik   Kriegsflotte vergrößern   Proletariat

Oberbegriff	Unterbegriff	Unterbegriff	Unterbegriff
wirtschaftlicher Aufschwung	Industrialisierung	Außenhandel	ökonomische Kraft
sozialer Stand			
Politik			
Macht			
Aufrüstung			

6 Finde das Gegenteil.

abnehmen   sich auflösen

ausschließen   beenden   entmutigen

sinken   verbieten   verkleinern

ver~~lier~~en   verschwinden

1. sich bilden	
2. wachsen	
3. erlauben	
4. beginnen	
5. zunehmen	
6. ermutigen	
7. gewinnen	verlieren
8. entstehen	
9. umfassen	
10. vergrößern	

7 Ergänze mit den folgenden Verben.
Du brauchst das Partizip II.

abnehmen   ausschließen   beenden

entmutigen   sinken   verbieten

verkleinern   verlieren   verschwinden

1. Nach der neuen Schulordnung wird das Rauchen sogar in der Raucherecke ....

2. Der Lehrer hat den Schüler scharf kritisiert und so hat er ihn ....

3. Wegen der Krankheit hat Karl 3 Kilo ....

4. Der Streit unter den Schülern wurde vom Schuldirektor mit einer Strafe ....

5. Er hat im zweiten Semester wenig gelernt, so sind seine Noten rapid ....

6. Wo ist mein Rucksack? Er war hier, aber jetzt ist er ....

7. Beim Fußballspiel gestern hat meine Mannschaft leider schon wieder ....

8. Wenn die Klasse eine Party organisiert, wird die neue Schülerin immer noch ....

9. Das Bild ist zu groß zum Fotokopieren, es muß .... werden.

Der Erste Weltkrieg (1914-1918)

Schlachtfeld Europa

Als der österreichische Thronfolger[1] am 28. 6. 1914 bei einem Besuch in Sarajewo von serbischen Nationalisten ermordet wurde, beschloss Österreich, mit deutscher Unterstützung gegen Serbien militärisch vorzugehen[2].

Der österreichisch-serbische Konflikt weitete[3] sich durch Allianzen zum Ersten Weltkrieg aus: Deutschland und Österreich kämpften fast allein gegen alle europäischen Mächte, gegen Russland und nach 1917 auch gegen die USA. An Deutschlands Seite traten nur die Türkei und Bulgarien. Alle glaubten, gute Gründe für ihre Ziele zu haben:

▲ Ein Moment der Ruhe in einem deutschen Schützengraben (Juni 1916)

- die Vielvölkermonarchie Österreich-Ungarn wollte ihren inneren Zerfall[4] aufhalten und ihren Einfluss auf dem Balkan ausdehnen[5].
- Deutschland wollte den Kreis feindlicher Mächte um sich herum sprengen[6] und seine Macht vergrößern.
- Frankreich wollte Deutschland schwächen und Elsass-Lothringen zurückgewinnen.
- Großbritannien fürchtete die deutsche Vormacht.
- Italien wollte sich um einige österreichische Territorien im Nord-Osten vergrößern.

Im November 1918 war die Opferzahl[7] auf etwa 8 Millionen Menschen gestiegen. Der Erste Weltkrieg beendete ein Zeitalter: alte Reiche verschwanden, neue Staaten entstanden. Darüber hinaus verloren die europäischen Mächte ihren Einfluss auf das Weltgeschehen. An ihre Stelle traten später die USA und die Sowjetunion.

Dieser Weltkrieg war der erste totale Krieg in der Geschichte der Menschheit. Er brachte Wladimir Lenin an die Macht und machte den Weg frei für den Aufstieg Adolf Hitlers.

1916: Werbeplakat für ein populäres
◄ Gesellschaftsspiel zum Thema Erster Weltkrieg

Trommelfeuer, Sperrfeuer, Gardinenfeuer, Minen, Gas, Tanks, Maschinengewehre, Handgranaten - Worte, Worte, aber sie umfassen das Grauen der Welt. Unsere Gesichter sind verkrustet, unser Denken ist verwüstet, wir sind todmüde.
E. M. Remarque, *Im Western nichts Neues*

▌Worte&Wörter

1 **r Thronfolger(-):** wer nach dem Tod des Königs oder des Kaisers Herrscher wird.
2 **militärisch vorgehen:** den Krieg erklären.
3 **sich ausweiten:** größer werden.
4 **r Zerfall:** die Dekadenz.
5 **ausdehnen:** ausbreiten.
6 **den Kreis sprengen:** (unter)brechen.
7 **e Opferzahl(en):** die Zahl der Toten.

Lesen und Verstehen

8 Trage die Hauptinfos in die Tabelle ein.

1. 28. 6. 1914	
2. Täter	
3. Deutsche Stellung	
4. Politische Reaktion in Europa	
5. Beteiligte Staaten im Krieg	
6. Die Mittelmächte und ihre Verbündeten	
7. Ziele Deutschlands	
8. Ziele Österreichs	
9. Ziele Frankreichs	
10. Ziele Großbritanniens	
11. Ziele Italiens	
12. November 1918	
13. Zahl der Kriegsgefallenen	
14. Änderungen auf internationaler Ebene	

Dein Wortschatz

9 Verbinde die Synonyme.

1. ☐ militärisch vorgehen
2. g sich ausweiten
3. ☐ aufhalten
4. ☐ ausdehnen
5. ☐ jemanden unterstützen
6. ☐ die Feinde um sich herum besiegen
7. ☐ ein Krieg wird beendet
8. ☐ die Bedingungen aufbauen

a. ausbreiten
b. jemandem helfen
c. einer Nation den Krieg erklären
d. den Kreis feindlicher Mächte sprengen
e. die Waffen schweigen
f. den Keim legen
g. größer werden
h. stoppen

Recherche

10 Und Du?

Was waren die Folgen des Ersten Weltkriegs in deinem Land? Frage deine Lehrer, deine Verwandten, recherchiere in Geschichtsbüchern und im Internet.

Die Weimarer Republik

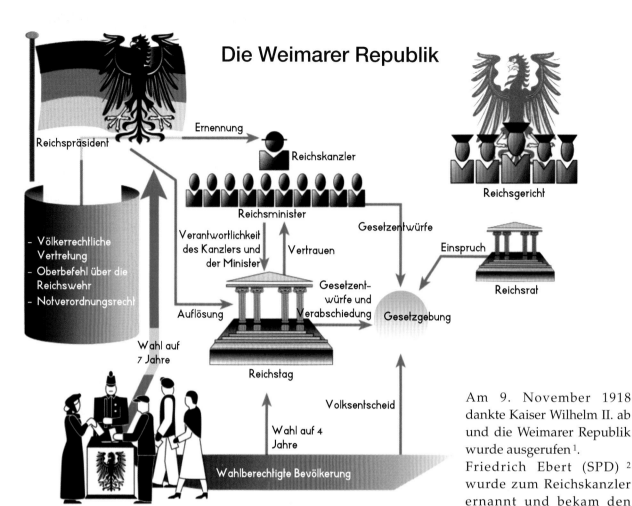

Reichspräsident

- Völkerrechtliche Vertretung
- Oberbefehl über die Reichswehr
- Notverordnungsrecht

Ernennung

Reichskanzler

Reichsminister

Reichsgericht

Verantwortlichkeit des Kanzlers und der Minister

Vertrauen

Gesetzentwürfe

Einspruch

Reichsrat

Auflösung

Gesetzentwürfe und Verabschiedung

Gesetzentwürfe und Verabschiedung

Gesetzgebung

Wahl auf 7 Jahre

Reichstag

Volksentscheid

Wahl auf 4 Jahre

Wahlberechtigte Bevölkerung

Am 9. November 1918 dankte Kaiser Wilhelm II. ab und die Weimarer Republik wurde ausgerufen[1]. Friedrich Ebert (SPD)[2] wurde zum Reichskanzler ernannt und bekam den Auftrag, eine neue Regierung zu bilden. Die Nationalversammlung sollte eine neue Verfassung entwickeln. Wegen sozialer Unruhen in Berlin begaben[3] sich die Abgeordneten nach Weimar. Artikel 1 der Weimarer Verfassung lautete: *Die Staatsgewalt geht vom Volke aus.* Das deutsche Volk wählte den Reichspräsidenten und den Reichstag. Zum ersten Mal durften auch die Frauen wählen. Die Reichsflagge erhielt die Farben der Freiheitskämpfer von 1848: schwarz-rot-gold.

◀ Friedrich Ebert (1871-1925)

Worte&Wörter

1 **ausrufen:** proklamieren.
2 **SPD:** Sozialistische Partei Deutschlands.
3 **sich begeben:** gehen.

Lesen und Verstehen

11 Weißt du die Antwort?

1. Was geschah am 9. November 1918 in Berlin?
2. Was stand im Artikel 1 der Weimarer Verfassung?
3. Von wem wurde der Reichstag gewählt?
4. Woher kommen die Farben der deutschen Fahne?
5. Seit wann haben Frauen in Deutschland das Wahlrecht?

 Sprechtraining

12 Hypothesen&Vermutungen

1. Was glaubst du, warum bekam die Frau den Beinamen *die rote Rosa*?

2. Warum ist sie verschwunden?
3. Wie können Menschen einfach verschwinden?
4. Was könnte ihr passiert sein?
5. Wer hatte Interesse, dass sie verschwand?
6. Wie waren 1919 die sozialen Zustände in Deutschland und in anderen europäischen Ländern?

▲ Rosa Luxemburg (1871-1919)

7. Was weißt du über Bertolt Brecht?

Recherche

14 Und Du?

Gibt es in der Geschichte deines Landes Revolutionäre, die ihren Kampf um die Freiheit und um die Rechte der Völker mit ihrem Leben bezahlt haben? Frage deine Lehrer, deine Verwandten, recherchiere in Geschichtsbüchern und im Internet.

 Hören und Verstehen

13 Erstelle den Lebenslauf von Rosa Luxemburg.

1. Geburtsdatum und Geburtsland: ...
2. Interessen in der Jugendzeit: ...
3. Gründe der ersten Verhaftung: ...
4. Studium in der Schweiz: ...
5. Politische Tätigkeit in Deutschland: ...
6. Zweite Verhaftung: ...
7. Die rote Fahne: ...
8. Gründung der KPD: ...
9. Ermordung: ...

ROSA LUXEMBURG

EIN FILM VON
MARGARETHE VON TROTTA

BARBARA SUKOWA/DANIEL OLBRYCHSKI

Lerneinheit V

Auf dem Weg zur Selbstzerstörung - Die Nazizeit

Der Aufstieg Hitlers

Der Niedergang der Weimarer Republik begann mit der Weltwirtschaftskrise 1929. Linker und rechter Radikalismus machten sich Arbeitslosigkeit und allgemeine Not[1] zunutze[2]. Im Reichstag fand sich keine regierungsfähige Mehrheit mehr. Die nationalsozialistische Bewegung Adolf Hitlers mit extrem antidemokratischen und antisemitischen Tendenzen gewann seit 1930 sehr schnell an Bedeutung und wurde 1933 die stärkste Partei. Am 30. Januar 1933 wurde Hitler Reichskanzler. Er sicherte sich durch ein Ermächtigungsgesetz[3] fast unbegrenzte Macht und verbot alle anderen Parteien. Die Gewerkschaften[4] wurden zerschlagen, die Grundrechte praktisch außer Kraft gesetzt, die Pressefreiheit aufgehoben. Als 1934 Staatsoberhaupt Hindenburg starb, übernahm Hitler sowohl das Kanzler- als auch das Präsidentenamt.

Wahlplakat bei den letzten freien Wahlen 1932 ▶

Adolf Hitler ▶ verneigt sich vor Reichspräsident Hindenburg

Lesen und Verstehen

1 Rekonstruiere die chronologische Reihenfolge.

Ereignis	Jahreszahl
1. Tod von Hindenburg	1934
2. Hitler Reichskanzler	
3. Hitlers Übernahme des Präsidentenamtes	
4. Weltwirtschaftskrise	
5. Ermächtigungsgesetze	
6. Soziale Probleme	
7. Niedergang der Weimarer Republik	
8. Zuwachs der Nationalsozialistischen Partei	

■Worte&Wörter

1 **e Not("e):** e Schwierigkeit, e Armut.

2 **sich etwas zunutze machen:** einen Vorteil aus etwas ziehen.

3 **s Ermächtigungsgesetz(e):** Gesetz, mit dem Hitler die Vollmacht sowie offiziell und automatisch die Zustimmung des Parlaments erhielt.

4 **e Gewerkschaft(en):** Organisation zur Verteidigung der Arbeiterrechte.

Sprechtraining

2 Erzähle jetzt chronologisch die Ereignisse.

Beginne so: *Im Jahre 1929........ Dann /Danach*

Redemittel

Temporaladverbien
Zuerst, dann, danach, später, zum Schluss....

Der Völkermord

Die forcierte Auswanderung [1] von Juden aus Deutschland war lange wichtiges Ziel nationalsozialistischer Politik. Mit Beginn des Zweiten Weltkriegs hörte die jüdische Auswanderungswelle auf, denn das NS-Regime radikalisierte seine Judenpolitik. Juden mussten 1939 u.a. ihre Radios und Wertgegenstände [2] abliefern und ab 1941 den Gelben Stern tragen. Zentrum der NS-Vernichtungspolitik waren die ab 1940 errichteten Konzentrationslager. Seit Anfang 1942 fuhren Deportationszüge aus fast ganz Europa in die Konzentrations- und Vernichtungslager. Das größte war Auschwitz. Nicht nur Juden, sondern auch Zigeuner und Homosexuelle kamen in den Konzentrationslagern um [3]. Die Gesamtzahl der Opfer wird auf sechs Millionen geschätzt.

F. Nussbaum, *Selbstbildnis mit Judenpass,* ▲ (1943)

▮Worte&Wörter

1   **e Auswanderung(en):** die Heimat verlassen (müssen).

2   **r Wertgegenstand("e):** sehr teures Objekt.

3   **umkommen:** sterben.

Lesen und Verstehen

3 Trage die Hauptinfos in die Tabelle ein.

1. Wichtiges Ziel der Nationalsozialisten	
2. Bedeutung der Judenpolitik	
3. Diskriminierungsmaßnahmen gegen Juden	
4. Bedeutung des „Gelben Sterns"	
5. Zweck der Konzentrationslager	
6. Ziel der Deportationszüge	
7. Zahl der Opfer in den Konzentrationslagern	

4 Demokratisch oder undemokratisch? Trage die Wörter und Wendungen in die entsprechende Spalte ein.

Menschen vernichten   persönliche Bewegungsfreiheit gewähren   Moderation
Grundrechte in Kraft setzen   Parteien verbieten   Pressefreiheit̶ ̶fördern   Parteien erlauben
Radikalismus   Pressefreiheit̶ ̶aufheben   Grundrechte außer Kraft setzen
Ausgangssperren einführen   das Leben aller Menschen schützen

Demokratische Regierung	Undemokratische Regierung
Pressefreiheit fördern	Pressefreiheit aufheben

5 Vom Substantiv zum Verb und umgekehrt

@ Recherche

Verb	Substantiv
1. beginnen	
2. verbieten	
3. vertreiben	

Substantiv	Verb
1. e Auswanderung	
2. r Gewinn	gewinnen
3. r Niedergang	
4. e Übernahme	
5. e Verfolgung	
6. e Vernichtung	
7. e Zunahme	

6 Und Du?

Nationalsozialismus, Faschismus, Unterdrückung der Demokratie.
Frage deine Lehrer, deine Verwandten, recherchiere in Geschichtsbüchern und im Internet. Du kannst u.a. folgende Punkte behandeln:

1. Was passierte in jener Zeit in deinem Land?
2. Was für eine Regierung gab es in deinem Land und was charakterisierte diese Regierung?
3. Gab es undemokratische Parteien?
4. Gab es eine parlamentarische Opposition?
5. Wurden Minderheiten diskriminiert oder verfolgt?
6. Konnten die Gewerkschaften die Rechte der Arbeiter verteidigen?
7. Gab es Pressefreiheit?
8. Werden Menschen heute immer noch diskriminiert oder verfolgt? Wenn ja, aus welchem Grund?

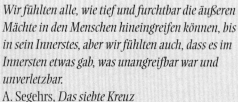

Wir fühlten alle, wie tief und furchtbar die äußeren Mächte in den Menschen hineingreifen können, bis in sein Innerstes, aber wir fühlten auch, dass es im Innersten etwas gab, was unangreifbar war und unverletzbar.
A. Segehrs, *Das siebte Kreuz*

Der Zweite Weltkrieg (1938-1945)

1938
Österreich wird dem Deutschen Reich angeschlossen [1].

30. September 1938
Chamberlain, Daladier, Hitler und Mussolini unterzeichnen das Münchner-Abkommen: es gestattet [2] Hitler die Annexion des Sudetenlandes.

März 1939
Deutsche Truppen marschieren in die Tschechoslowakei ein.

August 1939
Berlin und Moskau schließen einen Nichtangriffspakt [3].

September 1939
Einmarsch in Polen: Blitzkrieg. Der 2. Weltkrieg bricht aus.

April 1940
Dänemark und Norwegen werden besetzt.

Mai 1940
Drei Heeresgruppen der Wehrmacht marschieren in Richtung Frankreich. Die neutralen Niederlande, Belgien und Luxemburg werden angegriffen, Belgien und die Niederlande kapitulieren.

Juni 1940
Norwegen kapituliert. Deutsche Truppen marschieren in Paris ein. Ein Waffenstillstandsvertrag [4] wird unterzeichnet und drei Fünftel von Frankreich kommen mit ihren wichtigsten Industriestädten unter deutsche Besatzung.

August 1940
Invasion in Großbritannien, Luftschlacht über England.

27. September 1940
Dreimächteabkommen [5] zwischen Deutschland, Italien und Japan, um die expansionsorientierte Außenpolitik aller drei Staaten abzusichern.

Oktober 1940
Mussolini greift von Albanien aus Griechenland an. Die Offensive scheitert.

August 1941
Die USA ziehen gegen das von Deutschland beherrschte Europa zu Felde. In Deutschland werden Maßnahmen [6] gegen die Juden verschärft. Deutsche Truppen marschieren bis Moskau.

Juni 1942
Hitler bricht den Nichtangriffspakt mit der Sowjetunion. Bomberströme über Deutschland.

Januar 1943
Die deutsche Armee wird in der Schlacht um Stalingrad besiegt.

Juli 1943
Die Alliierten landen auf Sizilien. Deutsche U-Bootflotte wird lahm gelegt [7].

6. Juni 1944
Die Alliierten landen in der Normandie und an der französischen Mittelmeerküste.

Ende 1944
Die Rote Armee erreicht die deutsche Grenze.

25. April 1945
Amerikanische und sowjetische Truppen treffen sich an der Elbe.

9. Mai 1945
Sowjetische Truppen erobern Berlin: es folgt die bedingungslose [8] Kapitulation.

Der Zweite Weltkrieg forderte insgesamt 50 Millionen Opfer, darunter allein 6 Millionen Juden.

Worte&Wörter

1. **anschließen:** die Eingliederung eines Staates in einen anderen.
2. **gestatten:** erlauben.
3. **r Nichtangriffspakt(e):** der Pakt, militärisch nicht einzugreifen.
4. **r Waffenstillstandsvertrag("e):** ein Vertrag, damit der Kampf aufhört.
5. **s Dreimächteabkommen:** Pakt unter drei Staaten.
6. **e Maßnahme(n):** e Regel, s Gesetz.
7. **lahm legen:** bewirken, dass etwas stoppt oder nicht mehr funktioniert.
8. **bedingungslos:** ohne Limit, ohne jede Einschränkung.

 Lesen und Verstehen

7 Ergänze die Tabelle mit den Hauptinfos.

Jahr	In Europa	Abkommen und Pakte	Auf der See und in der Luft	Auf deutschem Boden	In deinem Land
1938		Münchner Abkommen			
1939					
1940					
1941					
1942					
1943	Alliierte landen auf Sizilien				
1944	Alliierte landen in der Normandie				
1945					

@ **Recherche**

8 Und Du?

Was passierte in deinem Land während des Zweiten Weltkrieges? Was passierte in deiner Familie? Gab es Kriegsgefallene? Frage deine Lehrer, deine Verwandten, recherchiere in Geschichtsbüchern und im Internet.

Redemittel

Meine Familie lebte damals in ....
Mein Urgroßvater, mein Großvater war im Kriegsdienst in ..../ an der Front: andere Männer aus meiner Familie waren in ....
Mein Urgroßvater, meine Urgroßmutter, mein Großvater, meine Großmutter erinnern sich daran, dass ....
Im Mai 1945 war meine Familie in ...., das Kriegsende erlebten sie in..........

Die Weiße Rose

Hören und Verstehen

9 Lies die Fragen vor dem Hören und höre den Dialog zweimal.

1. Name der verbotenen Schrift: .....
2. Autoren: .....
3. Ort der Aktion: .....
4. Zeit: .....
5. Ziel dieser Aktion: .....
6. Folgen für die Mitglieder der Bewegung: .....

Dein Wortschatz

Sophie Scholl, gespielt von Lena Stolze, in der Verfilmung von Michael Verhoeven aus dem Jahr 1982 ▶

10 Verbinde die Synonyme.

1. ☐ eine verbotene Schrift wird heimlich verteilt
2. ☐ ein Flugblatt wird zum Symbol einer Protestaktion
3. ☐b ein Ideal mit dem Leben bezahlen
4. ☐ durch den eigenen Tod etwas beweisen

a. ein heimliches Flugblatt gebrauchen, um seine Ideen bekannt zu machen
b. hingerichtet werden, weil man seine Ideen verwirklichen will
c. als Opfer der Welt zeigen, dass es einen Widerstand gibt
d. ein Flugblatt wird von Hand zu Hand gereicht

Recherche

Sprechtraining

11 Und Du?

1. Kennst du Beispiele von Widerstandsbewegungen in deinem Land?
2. Wer waren die Mitglieder? Gegen wen/ wogegen wollten sie aufrufen? Haben sie das erreicht, wofür sie kämpften?
3. Gibt es heute auf der Welt Widerstandsbewegungen?

12 Und Du?

Soll man gegen eine unmenschliche, undemokratische oder korrupte Regierung protestieren oder soll man Herrschern vertrauen und immer gehorchen? Kannst du deine Meinung begründen?

Lerneinheit VI

Von der Nachkriegszeit bis zur Wende

Die Potsdamer Konferenz

Um über die Neuordnung Europas und das künftige Schicksal Deutschlands zu entscheiden, trafen sich im Sommer 1945 die vier Siegermächte im Potsdamer
5 Schloss Cecilienhof.
Am Verhandlungstisch saßen Josef Stalin (Sowjetunion), Harry S. Truman (USA) und Winston S. Churchill (Großbritannien). Im so genannten Potsdamer
10 Abkommen wurde u.a. die Demokratisierung, Entmilitarisierung und Entnazifizierung festgelegt. Die vier Siegermächte USA, Sowjetunion, Großbritannien und Frankreich übernahmen
15 die Regierungsgewalt in Deutschland. Der aus den vier Alliierten gebildete
Kontrollrat in Berlin entschied über alle Fragen, die Deutschland als Ganzes betrafen. Das Deutsche Reich wurde in vier unterschiedlich große Besatzungszonen und Berlin in vier Sektoren aufgeteilt. Auch Österreich war nach Kriegsende von den Alliierten besetzt. Erst durch den Staatsvertrag 1955
20 wurde es wieder ein freier und unabhängiger Staat.

Besatzungszonen in Deutschland und Österreich

Amerikanische Zone
Britische Zone
Französische Zone
Sowjetische Zone
☒ Sektorenstädte unter Viermächtestatus
Staatsgrenze von 1937
Landesgrenze
Oder-Neiße-Grenze

© IDS 2005

Lesen und Verstehen

1 Suchen und Finden.

Wo steht das im Text?	Zeile
1. Das Thema der Potsdamer Konferenz war die Neuordnung Europas und die Zukunft Deutschlands.	
2. Im Sommer 1945 tagten in Potsdam Stalin, Truman und Churchill.	
3. Im Abkommen von Potsdam wurde entschieden, dass Deutschland ein demokratischer Staat werden sollte. Verboten waren nazistische Parteien. Die Abrüstung wurde auch entschieden.	
4. Das deutsche Territorium wurde in vier Besatzungszonen geteilt, jeder der vier Alliierten hatte die Kontrolle über eine Zone.	
5. Der Kontrollrat der vier Siegermächte verwaltete auch die ehemalige Hauptstadt Berlin.	
6. Österreich blieb 10 Jahre lang unter Kontrolle der Alliierten.	

2 Und Du?

Was passierte in deinem Land am Ende des Zweiten Weltkriegs? Hatte das Potsdamer Abkommen auch in deinem Land gravierende Folgen? Frage deine Eltern, deine Lehrer, recherchiere in Geschichtsbüchern und im Internet. Vergleiche dann die Ereignisse in deinem Land mit denen in Deutschland.

Die Nachkriegsjahre

Der Kalte Krieg, die Berlin-Blockade und der Aufstand vom 17. Juni

- Durch den Kalten Krieg zwischen Ost und West zerbricht die Anti-Hitler-Koalition. Dies hat unmittelbare Auswirkungen auf die Politik der Besatzungsmächte in Deutschland. Die drei Westmächte einerseits und die Sowjetunion andererseits gehen in ihren Besatzungszonen eigene Wege, die 1949 zur Gründung zweier deutscher Staaten führen.

- Die im Juni 1948 durchgeführte Währungsreform[1] in den Westsektoren von Berlin ist für die Sowjetunion der Anlass[2] für die Berlin-Blockade. Durch das Aushungern der West-Berliner Bevölkerung soll die Bildung eines westdeutschen Teilstaates verhindert werden. Der Versuch scheitert. Neun Monate lang wird die Stadt durch die Luftbrücke der Alliierten versorgt[3]. 1949 heben die Sowjets die Blockade wieder auf. Zur selben Zeit entsteht aus den drei westlichen Besatzungszonen die Bundesrepublik Deutschland (BRD). Aus der Ostzone wird am 7. Oktober 1949 die Deutsche Demokratische Republik (DDR).

Rosinenbomber. So nannten die Berliner ▲ die Versorgungsflugzeuge der Alliierten während der Berliner Blockade

- Arbeitsschwierigkeiten, Preiserhöhungen und Mangel an Lebensmitteln verursachen eine Zunahme von Westflüchtlingen[4]. Am Morgen des 17. 6. 1953 legen Tausende von DDR-Bürgern ihre Arbeit nieder. Es kommt zu Gewaltaktionen gegen die sowjetische Präsenz. Russische Panzer fahren in Berlin auf. Der Aufstand bricht durch die Gewalt der russischen Militärs zusammen.

Worte&Wörter

1 **e Währungsreform(en):** die Währung (das Geld) wird durch eine neue ersetzt.
2 **r Anlass("e):** r Grund.
3 **versorgen:** (*hier*) mit Lebensmitteln helfen.
4 **der Westflüchtling(e):** jemand will vom Osten in den Westen gehen.

◄ Russische Panzer während des Aufstands vom 17. Juni

3 Was ist richtig?

1. ☐ Nach Kriegsende waren die Beziehungen unter den vier Besatzungsmächten sehr kooperativ.
2. ☐ Nach Kriegsende herrschte in Deutschland endlich Frieden.
3. ☐ 1948 gab es in ganz Deutschland die Währungsreform.
4. ☐ Durch die Berlin-Blockade wollte die Sowjetunion verhindern, dass im Westen ein deutscher Staat entstand.
5. ☐ Wegen der Blockade war Berlin unerreichbar und total isoliert.
6. ☐ Die Luftbrücke wurde von den vier Besatzungsmächten organisiert.
7. ☐ 1949 endete die Blockade.
8. ☐ 1949 entstand aus den vier Sektoren die Bundesrepublik Deutschland.
9. ☐ Die DDR entstand aus der ehemaligen Ostzone, unter Kontrolle der Sowjetunion.
10. ☐ Wegen sozialer Schwierigkeiten verließen viele DDR-Bürger ihren Staat.
11. ☐ Am 7. Juni 1953 gab es in der BRD einen Volksaufstand.
12. ☐ Der Volksaufstand wurde von russischen Panzern niedergeschlagen.

⁂ EUROSPRACHEN

4 Wie heißt der Begriff?

r/e Abgeordnete   r/e Bundeskanzler/in   r/e Bundesminister/in   r/e Bürgermeister/in
r/e Parteivorsitzende   r/e Staatsbürger/in   r/e Staatspräsident/in

	Deutsch	Italienisch	Englisch	Französisch	Spanisch	Weitere Sprache
Staatsoberhaupt eines (Bundes)staates						
Leiter der Bundesregierung (D und A)						
Minister der Bundesregierung						
Mitglied des Parlaments						
Präsident einer Partei						
Oberhaupt einer Stadt oder Gemeinde						
Bürger eines Staates mit allen politischen Rechten und Pflichten						

Die Berliner Mauer

Nach dem gescheiterten Ungarn-Aufstand 1956 verschärft die DDR–Regierung die Sperranlagen [1], um die Flucht nach dem Westen zu verhindern: vor dem Bau der Mauer hatten fast 3 Millionen Menschen die DDR verlassen. Allein im Juli 1961 waren über 30000 geflüchtet. Der Bau der Berliner Mauer wird am 13. 8. 1961 begonnen. Mit ihrer totalen Abriegelung [2] will die DDR den immer größeren Strom von Flüchtlingen in den Westen stoppen. Diese Sperre vollendet die Spaltung [3] Europas in zwei politische Blöcke: den Warschauer Pakt im Osten und die Nato im Westen. Im Rahmen der Bemühungen [4] um einen Entspannungs-prozess in Deutschland findet im März 1963 der historische Besuch des amerikanischen Präsidenten Kennedy in Berlin statt.

▲ *Niemand hat die Absicht, eine Mauer zu bauen* (Zitat von Walter Ulbricht, Juli 1961)

▲ Maueröffnung 1989. Undenkbar für Ost und West

▚Worte&Wörter

1 **e Sperranlage(n):** ein Bau, oft eine Mauer, um ein Gebiet zu isolieren.

2 **e Abriegelung(en):** der Kontakt mit der Außenwelt wird verhindert.

3 **e Spaltung(en):** e Teilung.

4 **e Bemühung(en):** r Versuch.

▲ Bei seinem Besuch in Berlin 1963 sagte Kennedy den historischen Satz *Ich bin ein Berliner*

Sprechtraining

5 Erzähle die Etappen, die zum Bau der Mauer führten.

1. Das erste wichtige Ereignis war 1956 ..... .
2. Später ..... .
3. Schließlich wurde am 13. 8. 1961 ..... .
4. Dieses Ereignis war bedeutend, weil ..... .

Ein großer Europäer - Willy Brandt

1
7

Hören und Verstehen

6 Ergänze die Hauptinfos.

1.	Lübeck, Herbert Frahm kommt zur Welt
2.	Flucht nach Norwegen, Pseudonym Willy Brandt
3.	Journalist bei den Nürnberger Prozessen
4. 1957-66	
5.	Bundeskanzler
6.	Treffen mit dem DDR-Ministerratsvorsitzenden in Erfurt und Unterzeichnung des Warschauer Vertrags
7. 1971	
8.	Tod

Der Fall der Mauer

In der DDR demonstrierten im Oktober 1989 immer mehr Menschen für politische Reformen, nachdem viele im Sommer über die sozialistischen Freundschaftsländer wie die Tschechoslowakei und Ungarn in den Westen geflüchtet waren. Am 4. November 1989 fand die größte Massendemonstration in der Geschichte der DDR statt: rund eine Million Bürger versammelte sich auf dem Alexanderplatz in Berlin. Am Abend des 9. November wurde überraschend die sofortige Öffnung der Mauer verkündet. Die Nachricht verbreitete sich blitzschnell. Eine unglaubliche

▲ Schon offen, aber noch nicht demontiert: Menschenmengen vor der Berliner Mauer am Brandenburger Tor

Menschenzahl aus Ost- und West-Berlin versammelte sich an der Mauer.
Im Dezember 1989 forderten immer mehr Demonstranten die Deutsche
15 Einheit. Aus der ursprünglichen Parole: „Wir sind das Volk!" wurde
immer häufiger: „Wir sind ein Volk!".

Allerdings gab es auch kritische Stimmen, die vor der Wiedervereinigung
warnten und für die Unabhängigkeit der DDR plädierten. Die Mehrheit
der Bevölkerung hoffte dagegen auf eine rasche Wiedervereinigung. Im
20 März 1990 fanden in der DDR die ersten freien Wahlen statt und am
3. Oktober 1990 trat die ehemalige DDR der BRD bei. Seitdem wird am
3. Oktober der Tag der deutschen Einheit gefeiert.

 Lesen und Verstehen

Relikte der Berliner Mauer sind heute
an der so genannten *East Side Gallery*
in Berlin Mitte zu sehen ▶

7 A. Suchen und Finden.

Wo steht das im Text?	Zeile
1. Der 3. Oktober ist der deutsche Nationaltag.	
2. Ein Pressesprecher verkündete die sofortige Öffnung der Mauer.	
3. Der Beitritt der DDR zur BRD war nicht von allen Deutschen gewünscht.	
4. Immer mehr DDR-Bürger wollten politische Reformen.	
5. Im März 1990 fanden in der DDR freie Wahlen statt.	
6. Auf Demonstrationen wurde immer öfter gesagt: Wir sind ein Volk.	
7. In der Nacht vom 9. November trafen sich viele Deutsche aus Westen und Osten an der Mauer.	
8. Die DDR-Regierung hatte große Schwierigkeiten, weil immer mehr DDR-Bürger das Land verließen.	
9. Die meisten DDR-Bürger waren für die Deutsche Einheit.	

B. Rekonstruiere die chronologische Reihenfolge.

a	b	c	d	e	f	g	h	i

 Dein Wortschatz

8 Ergänze mit den passenden Verben im Präteritum.

anziehen   beitreten   demonstrieren   fordern (2)   sich verbreiten
sich versammeln   stattfinden   verkünden   warnen

1. Im Herbst 1889 .... viele DDR-Bürger und .... Reformen.
2. Eine Million Bürger .... sich auf dem Alexanderplatz.
3. Der Pressesprecher .... die Öffnung der Mauer.
4. Die Nachricht .... sich blitzschnell.
5. Unglaublich viele Menschen wurden von der Nachricht der Maueröffnung ....
6. Viele Demonstranten .... die Deutsche Einheit.
7. Kritische Stimmen .... vor einer Vereinigung.
8. Im März 1990 .... freie Wahlen ....
9. Im Oktober 1990 .... die ehemalige DDR der BRD ....

Lerneinheit VII

Deutschland im dritten Millennium

Eine Wende mit Konsequenzen

Ab Mai 2001 sind alle Regierungsgebäude und Botschaften wieder in Berlin, die Stadt ist endlich Hauptstadt des vereinten Deutschlands. Nach der Wiedervereinigung verläuft die so genannte *Wende* [1], aber nicht ohne Probleme:

Futuristisch: der ▲ Potsdamerplatz in Berlin

- Die Kosten für den Aufbau im Osten steigen ständig.
- Die Steuern wachsen entsprechend.
- Der Lebensstandard im Osten ist immer noch niedriger als im Westen, so dass viele Leute aus dem Osten nach Westen ziehen müssen, um einen Job zu finden.
- Deutschland, dessen Wirtschaftsboom in den 1960er und 1970er Jahren durch Einwanderer [2] aus Italien und der Türkei ermöglicht wurde, erlebt jetzt ein neues Phänomen: viele Deutsche wollen in die europäischen Mittelmeerländer oder nach Australien, Neuseeland und Kanada auswandern. Migration bedeutet also nicht nur Zuwanderung, sondern auch Abwanderung.

Zuwanderung nach Deutschland

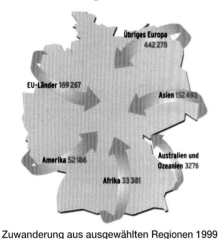

Übriges Europa 442 278
EU-Länder 169 267
Asien 152 492
Amerika 52 186
Australien und Ozeanien 3276
Afrika 33 381

Zuwanderung aus ausgewählten Regionen 1999

Abwanderung aus Deutschland

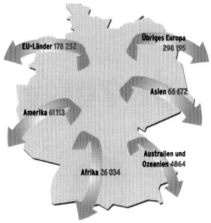

EU-Länder 178 252
Übriges Europa 298 195
Asien 66 672
Amerika 61 113
Australien und Ozeanien 4864
Afrika 26 034

Abwanderung in ausgewählten Regionen 1999

▮ Worte&Wörter

1   **e Wende(n)**: r Wechsel (*hier*) das Ende der Teilung BRD/DDR.

2   **r Ein /Auswanderer(-)**: jmd, der auf Arbeitssuche ins Ausland geht.

👁 Lesen und Verstehen

1 Weißt du die Antwort?

1. Wo wird in Deutschland aufgebaut? ....
2. Bezahlt man nach der Wende mehr oder weniger Steuern? ....
3. Wo lebt man besser, im Osten oder im Westen? ....
4. Wo sind die Arbeitsmöglichkeiten geringer? ....
5. In welchen Jahren war Deutschland ein Einwanderungsland? ....
6. Wohin wollen die Deutschen auswandern? ....

 **Dein Wortschatz**

2 Ergänze mit dem richtigen Wort.

e Abwanderung   r Auswanderer   r Job   e Migration   steigen   e Wende   e Zuwanderung

1. In den 60 Jahren gingen viele Italiener und viele Türken als .... nach Deutschland.
2. Im Osten gibt es wenige Arbeitschancen, deswegen verlassen viele ihre Heimat, um woanders einen .... zu finden.
3. Wenn die Lebenskosten ...., wachsen auch die Steuern.
4. Die deutsche .... kennt zwei Richtungen: die .... nach Deutschland und die .... aus Deutschland
5. Mit dem Mauerfall begann in Deutschland die ....

 Recherche

3 Und Du?

1. Gibt es auch in deinem Land Regionen/Gebiete mit besseren oder schlechteren Arbeitschancen?
2. Wie ist die finanzielle Lage in deinem Land? Sinken oder steigen die Preise?
3. Ist dein Land ein Einwanderungs- oder ein Auswanderungsland?
4. Kennst du jemanden, der die Heimat verlassen musste, um im Ausland eine Arbeit zu suchen?
5. Was meinst du, welche Probleme haben Auswanderer?

Wie geht es Deutschland?

Schlagzeilen in der deutschen Presse

Ostdeutschlands „Schleichender[1] Tod"
Die Abwanderung[2] lässt das Bildungsniveau im Osten erkennbar sinken. Die Dynamischen gehen in den Westen – und die Zurückgebliebenen haben keine Chancen gegen den Abwärtstrend[3].
Nach: Der Spiegel, 52/2003

Arbeitslosigkeit 2003: ein Vergleich
Deutschland:	9,7 %
Großbritannien:	5,0 %
Niederlande:	3,8 %
USA:	6,8 %
Dänemark:	5,6 %

Nach: Der Spiegel, 28/2004

Arbeitslosenquote bleibt hoch - Trostlose Situation
Die Lage auf dem Arbeitsmarkt bessert sich auch im 14. Jahr der deutschen Einheit nicht.
Im März 2004 waren im Osten 1,676 Millionen Menschen arbeitslos. Die Quote ist mehr als doppelt so hoch wie im Westen.
Nach: Focus, 16/2004

Worte&Wörter
1 **schleichen**: leise und vorsichtig gehen.
2 **e Abwanderung(en)**: e Auswanderung.
3 **r Abwärtstrend(s)**: negativer Trend.

Ergebnisse aus einer großen Online-Umfrage

Deutlich zu erkennen ist der große Unterschied zwischen Ost- und Westdeutschland:

- **Große Furcht vor Arbeitslosigkeit**
  Vor allem in Ostdeutschland dominiert ein Thema die Ängste der Menschen: der Verlust des Arbeitsplatzes. Bis zu 57 Prozent der Ostdeutschen fürchten um ihren Job.

- **Kinder sind zu teuer**
  Zur Zeit werden in Deutschland nur 1,3 Kinder pro Frau geboren. Verantwortlich dafür machen die Deutschen vor allem schlechte Rahmenbedingungen[1] für Familien.

- **Unsere Schulen müssen besser werden**
  Alle wollen schlauer werden. Bei kaum einem Thema ist sich Deutschland so einig. Der Staat muss mehr in Bildung investieren.

- **Politik pfui!**
  Mit wachsendem Misstrauen[2] sehen die Bürger die wichtigsten Institutionen des Landes. Zwei von drei Deutschen vertrauen den Parteien nicht mehr.

  Das vereinte Deutschland hat eine aktive Europapolitik in Gang gesetzt, die die feste Einbindung Deutschlands in den europäischen Rahmen verfolgt.
  Doch das Gemeinschaftsgefühl[3] ist sehr unterschiedlich:

- **Was verbindet die Deutschen mit anderen Europäern?**

Euro als gemeinsame Währung	49,4 %
Geographische Nähe	34,2 %
Persönliche Kontakte und Freundschaften	32,9 %
Gemeinsame Geschichte und Kultur	30,5 %
Christentum als gemeinsame europäische Orientierung	11,3 %
Geschäftsbeziehungen	8,8 %
Anderes	8,9 %

Nach: Stern, 18/2004

■Worte&Wörter

1 **e Rahmenbedingung(en)**: die konkreten Zustände, in denen man lebt oder arbeitet.

2 **s Misstrauen(-)**: man hat kein Vertrauen.

3 **s Gemeinschaftsgefühl**: man gehört zu einer Gruppe mit gleichen Merkmalen.

Lesen und Verstehen

4 Was ist richtig?

1. ☐ Im Westen fürchtet man sich weniger vor dem Verlust des Arbeitsplatzes.

2. ☐ Im Osten hat fast die Hälfte der Bevölkerung Angst, arbeitslos zu werden.

3. ☐ Viele Familien haben mehr als zwei Kinder.

4. ☐ Die konkreten Zustände für junge Familien sind ziemlich schlecht.

5. ☐ Die meisten Deutschen meinen, dass ihr Ausbildungssystem das beste in Europa ist.

6. ☐ Das Vertrauen in die politischen Parteien ist sehr niedrig.

7. ☐ Die gemeinsame Währung fördert das Gemeinschaftsgefühl.

8. ☐ Die geographische Nähe spielt keine große Rolle im Gemeinschaftsgefühl.

Ostalgie

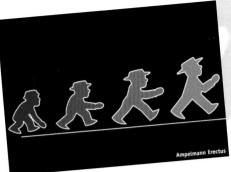

Ampelmann Erectus

Die Rückbesinnung [1] auf Dinge aus dem Alltagsleben in der ehemaligen DDR bezeichnet man als *Ostalgie* (ein Wortspiel aus Osten und Nostalgie). Der Begriff resultiert aus dem Gefühl eines Identitätsverlustes, das viele Bürger der Ex-DDR nach der Wiedervereinigung hatten. Das Maskottchen der Ostalgiker ist das Ampelmännchen [2]. Ein typisches Beispiel für Ostalgie sind die so genannten Ostalgie-Partys, bei denen Erich Honecker [3]-Doubles auftreten, DDR-Musiktitel gehört und typische Lebensmittel aus der früheren DDR verzehrt werden (z.B. Club Cola und Spreewaldgurken). Wer FDJ [4]-Hemden trägt, kommt oft vergünstigt oder kostenlos auf diese Partys. Außerhalb solcher Veranstaltungen macht sich Ostalgie z.B. im Fahren eines Trabbis [5], im Hören von DDR-Musik oder im Tragen von Kleidungsstücken mit DDR-Motiven bemerkbar. Die Ostalgiewelle betrifft nicht nur den Lifestyle, sondern hat auch eine kommerzielle Komponente: Nach einem anfänglichen Run [6] auf West-Produkte, verkaufen sich im Osten Ost-Produkte wieder gut. Der Trend zur Ostalgie zeigt sich auch im Fernsehen. Auf dem Programm stehen die *Ostshow*, die *Ostalgie-Show* oder *Die große DDR-Show*.

▲ Die Evolution des Ampelmännchens

Eine DDR-Spezialität kommt zu neuen Ehren:
▼ Spreewaldgurken

▲ Heute ein Kult-Auto: der Trabbi

Worte&Wörter

1 **e Rückbesinnung:** man denkt mit Sehnsucht an die Vergangenheit.
2 **s Ampelmännchen:** Symbol bei Fußgängerampeln.
3 **Erich Honecker:** bis 1989 Staatsratsvorsitzender der DDR.
4 **FDJ (Freie Deutsche Jugend):** Jugendorganisation der DDR.
5 **r Trabbi** (*Abk.*): der Trabant war das typische Auto in der DDR-Zeit.
6 **r Run:** der gleichzeitige Versuch vieler Menschen, etwas Bestimmtes zu kaufen.

Zu DDR-Zeiten war die Eiskunstläuferin und Olympiasiegerin Katharina Witt das schönste (Export)modell. Heute moderiert sie Ostalgie-Sendungen ◀

Lesen und Verstehen

5 Weißt du die Antwort?

1. Wie ist das Wort „Ostalgie" entstanden: .....
2. Bedeutung des Wortes: .....
3. Gründe der Ostalgie: .....
4. Lieblingsverkleidung bei Ostalgie-Partys: .....
5. Lieblingskleidungsstück: .....
6. Lieblingsgetränk: .....
7. Lieblingsauto der Ostalgiker: .....
8. Lieblingsmusik: .....

Deutsches Prestige - Die Außenpolitik

 Hören und Verstehen

6 Ein Gespräch zwischen Barbara, einem Joschka-Fan, und Helmut, einem Joschka-Gegner. Ergänze die Hauptinfos.

Jahr /Alter	Ereignis
1.	Schule verlassen
2. Mit 19 Jahren	
3.	Interesse für Philosophie und Mitglied der militanten Gruppe „Revolutionärer Kampf"
4.	Schluss mit den radikalen politischen Gruppen
5. 1982	
6.	Bundestagsabgeordneter
7. 1998 und 2002	

Zitat von Joschka Fischer:
Die Werte, auf denen unsere Demokratie gründet, auf denen die allgemeinen Menscherechte gründen, sind keine „westlichen Werte". Sie sind universell akzeptiert. ▶

Laufend abnehmen. Joschka Fischer muss ◀ es wissen

Parteien in den Ländern D-A-CH

Die Bundesrepublik Deutschland, die Bundesrepublik Österreich und die Schweiz (Confederatio Helvetica) sind demokratische und föderative Bundesstaaten. Das Prinzip der Demokratie ist Basis der Verfassung der drei Staaten und bestimmt nicht nur den politischen Alltag, sondern auch das Leben der Menschen.

Bundesrepublik Deutschland

▲ Angela Merkel ist seit dem 22. November 2005 Deutschlands erste Bundeskanzlerin

Sitzverteilung im 16. Deutschen Bundestag

Bundesregierung — Bundesrat

FDP

DIE LINKE.

FDP
61 Sitze

Die Linke.
54 Sitze

614 Sitze

CDU/CSU
226 Sitze

SPD
222 Sitze

Bündnis 90/
Die Grünen
51 Sitze

>>> CDU/CSU

SPD

BÜNDNIS 90/
DIE GRÜNEN
Bundestagfraktion

Österreich

Das österreichische Parlament besteht aus dem Nationalrat (183 Abgeordnete) und aus dem Bundesrat. Der Vorsitzende des Bundesrates ist der Bundesratspräsident. Sitze und Parteien nach der Nationalratswahl 2002

Sitze und Parteien nach der Nationalratswahl 2002

- ■ Österreichische Volkspartei (ÖVP): 79
- ■ Sozialdemokratische Partei Österreichs (SPÖ): 69
- ■ Freiheitliche Partei Österreichs (FPÖ): 18
- ■ Die Grünen (Österreich): 17

■ ÖVP   ■ SPÖ   ■ FPÖ   ■ Grüne

Die Schweiz

Die Regierung der Schweiz besteht aus den sieben Mitgliedern des Bundesrats. Bundespräsident ist jedes Jahr ein anderes Mitglied. Das schweizerische Parlament (die Bundesversammlung) besteht aus dem Nationalrat und dem Ständerat. Die 200 Mitglieder des Nationalrats repräsentieren die Bevölkerung. Der Ständerat setzt sich aus 46 Vertretern der Schweizer Kantone zusammen.

Sitze und Sitzordnung im Nationalrat. Stand: 1/2005

- ■ Schweizerische Volkspartei: 56
- ■ Grüne: 14
- ■ EVP/EDU-Fraktion: 5
- ■ Fraktionslos: 5

- ■ Sozialdemokraten: 52
- ■ Freisinnig-Demokratische Fraktion: 40
- ■ Christlichdemokraten: 28

@ **Recherche**

7 Und Du?

1. Vergleiche die Parteien der Länder D-A-CH mit denen deines Landes. Was fällt dir auf?
2. Kannst du dir in deinem Land auch eine Frau als Regierungschefin vorstellen?

Geographie

WISSENSWERTES RUND UM D-A-CH

Lerneinheit 1

Europäische Ströme: Rhein – Donau – Elbe

Wasserstraßen als Kulturwege Europas

Die Länder, die durch den Rhein und die Donau verbunden sind, zeugen nicht nur von einer geographischen und kulturellen Vielfalt Europas, sondern auch von gemeinsamen geschichtlichen Wurzeln. Vom Rhein bis an die Donau, „unz an die Tuonouwe", wie es im Nibelungenlied [1] heißt, zogen die Nibelungen [2] ihrem Untergang entgegen. Und die großen Flüsse zeigten zur Zeit der Völkerwanderung vielen anderen Völkern wie z.B. den Alemannen und Bajuwaren [3] den Weg in eine bessere (europäische) Zukunft.

Der Nobelpreisträger für Literatur Elias Canetti erzählt aus seiner Kindheit an der Donau: „...*Wenn jemand die Donau hinauf nach Wien fuhr, sagte man, er fährt nach Europa...*"

▌Worte&Wörter

1 **s Nibelungenlied:** mittelalterliches Heldenepos.

2 **die Nibelungen:** die germanischen Burgunden besiegten am Rhein die Nibelungen, die aus Norwegen stammten, eroberten ihren Goldschatz und übernahmen dann auch ihren Namen.

3 **Alemannen und Bajuwaren:** germanische Volksstämme, die unter dem Druck der Hunnen aus dem Osten nach Mitteleuropa wanderten.

Der Rhein

Der Rhein entspringt in den Schweizer Alpen. Sein Name stammt aus dem Keltischen und bedeutet *„rinnen, fließen"*. Am Zwergstaat [1] Liechtenstein vorbei, mündet [2] er in den Bodensee, und verlässt ihn dann bei Schaffhausen mit dem größten Wasserfall Mitteleuropas. Ab Basel ändert er seine Richtung nach Norden und wird schiffbar.

Die Länge des Flusses: 1320 km von der Quelle bis zur Mündung. Von den Alpen zur Nordsee verbindet der Rhein sechs Staaten und bildet über seine Nebenflüsse und zahlreichen Kanäle zu anderen europäischen Flüssen eine ununterbrochene Wasserstraße bis zum Schwarzen Meer. Der Rhein ist eine der wichtigsten Schifffahrtsrouten für den Güterverkehr in Europa. Kurz vor Köln bestimmen die Industrieanlagen die Rheinlandschaft flussabwärts bis hin zum Duisburger Hafen, dem größten Binnenhafen [3] der Welt. Viele Gesichter hat der Rhein: vom reißenden [4] Gebirgsbach zum Strom, vom malerischen Fluss zum internationalen Transportweg. Für die Menschen an seinen Ufern ist er Arbeitsgrundlage [5] und Lebensraum, aber auch Ausflugsziel. Wie z.B. St. Goar am Rhein mit einem 130 m hohen Felsen. Hier, wo sich der Rhein verengt [6], bildeten sich einst Strudel [7] und Stromschnellen [8], die für die Schiffer eine große Gefahr waren. So entstand in der Romantik die Sage der schönen Loreley und ihrer wundervollen Stimme. Wer ihr zuhören wollte, und nicht mehr auf den Fluss achtete, zerschlug [9] mit dem Schiff am Loreleyfelsen.

Der Rhein hat viele Gesichter: von der Rheinquelle über den Rheinfall bei Schaffhausen bis zum großen Strom bei Basel und Düsseldorf ▶

■ Worte&Wörter

1	**r Zwergstaat(en)**: sehr kleiner Staat.	6	**verengen**: enger werden.
2	**münden**: hineinfließen.	7	**r Strudel(-)**: kreisende Wasserbewegung.
3	**r Binnenhafen("en)**: der Hafen an einem Fluss oder See.	8	**e Stromschnelle(n)**: sehr starke und schnelle Wasserbewegung.
4	**reißend**: stark, heftig.		
5	**e Arbeitsgrundlage(n)**: Basis für die Arbeit.	9	**zerschlagen**: zerstört werden.

1 Höre das Gedicht in der musikalischen Version.

Heinrich Heine
Die Loreley

1. .... was soll es bedeuten
   Dass ich so .... bin;
   Ein Märchen ....,
   Das .... nicht aus dem Sinn.
2. .... kühl und es dunkelt,
   Und ruhig .... der Rhein;
   Der Gipfel .... funkelt
   .... Abendsonnenschein.
3. Die .... , die sitzet
   Dort oben ....;
   .... goldnes Geschmeide [1] blitzet,
   Sie kämmt ihr ....

4. Sie .... mit goldenem Kamme
   Und .... dabei;
   Das hat eine ....,
   Gewaltige ....
5. Den Schiffer ....
   Ergreift es mit wildem ....
   .... die Felsenriffe [2],
   Er schaut nur .... in die Höh'.
6. ...., die Wellen verschlingen [3]
   .... Schiffer und Kahn [4];
   Und das hat ....
   .... getan.

2 Ergänze beim zweiten Hören das Gedicht mit den fehlenden Wörtern und Ausdrücken.

1. kommt mir – Ich weiß nicht – aus uralten Zeiten – traurig.
2. im – des Berges – fließt – die Luft.
3. goldenes Haar – wunderbar – ihr – schönste Jungfrau.
4. wundersame – singt ein Lied – Melodei – kämmt es.
5. er schaut nicht – hinauf – Weh – im kleinen Schiffe.
6. mit ihrem Singen – ich glaube – am Ende – die Lore-Ley.

Worte&Wörter

1 **s Geschmeide**: Juwelen.
2 **s Felsenriff(e)**: Fels im Wasser.
3 **verschlingen**: (*hier*) zerstören.
4 **r Kahn (¨e)**: s Boot.

▲ **P. von Huene**, *Die neue Loreley*, 1997

Sprechtraining

3 Und Du?

Kennst du Sagen (zu Flüssen) aus deinem Land? Erzähle mündlich oder schriftlich.

Redemittel

Eine interessante Sage/Legende/ Geschichte von meinem Land ist...
Sie erzählt von einem/r ....
namens .... Er/sie war........................
Er/sie lebte ....
Darauf ....
Zum Schluss ....

Die Donau

Als zweitlängster europäischer Strom nach der Wolga, durchfließt die Donau Europa von Westen nach Osten und mündet nach 2852 km ins Schwarze Meer. Ihr Name stammt aus dem Keltischen „danu", das soviel wie „die Schnelle" bedeutet. Beim Stichwort Donau denken viele gleich an Johann Strauß' Walzer *An der schönen blauen Donau*, aber auch Bezeichnungen wie „Fluss im Herzen Europas", „übernationaler Fluss", „mythischer Strom", „Strom der Superlative" und „Strom ohne Ende" weisen auf die bedeutende Rolle der Donau in der Geschichte zahlreicher Nationen hin [1].

Die Donau bei Wien in Österreich ... ▲

Viele Legenden und Sagen wie z.B. das Nibelungenlied oder die Sage der Nixe Undine [2] erzählen von der Donau und vom Donautal. Auf 2415 km schiffbar, bildet der Strom über den Main-Donau-Kanal einen sehr wichtigen Handelsweg Europas.

▲ ... und bei Passau in Deutschland

■ Worte&Wörter

1 **hinweisen auf**: zeigen.
2 **Undine**: eine Wassernixe.

Die Elbe

Die Elbe, der drittgrößte deutsche Strom, entspringt im Riesengebirge, bildet bei Schöna die Grenze zwischen Deutschland und Tschechien, fließt mitten durch Deutschland und mündet bei Cuxhaven als achtzehn Kilometer breiter Strom in das Wattenmeer der Nordsee. Der Name Elbe kommt aus dem lateinischen *albus* (weiß) und bezieht sich auf die hellen Sandufer. Die Flusslänge beträgt 1091 km, davon 727 km auf deutschem Gebiet. 940 km sind insgesamt schiffbar.

Unzertrennlich: die Elbe und Dresden ▲

Über den Elbe-Lübeck-Kanal, den Elbeseitenkanal und den Elbe-Havel-Kanal ist der Strom mit der Ostsee, dem Mittellandkanal und mit Berlin verbunden. Der wichtigste Elbe-Hafen ist Hamburg, das sogenannte Tor zur Welt. Weitere bedeutende Städte, deren Handel die Elbe ermöglicht, sind Magdeburg, Wittenberg und Dresden. Nach dem Zweiten Weltkrieg wurden lange Strecken des Flusses zur deutsch-deutschen Grenze, so dass die Landschaft naturintakt blieb. Bis zur Wende 1989 war der Fluss allerdings stark verschmutzt. Erst durch den Bau von über 200 Kläranlagen konnte man die Wasserqualität entscheidend verbessern. 2002 feierte man diesen Erfolg in Tschechien und Deutschland mit dem „1. Internationalen Elbebadetag". Im gleichen Jahr kam es auch zu der so genannten Jahrhundertflut, als eine fast 10 Meter hohe Flutwelle Städte und Land überschwemmte.

Elbe! Elbe, stadtstinkende kaiklatschende schilfschaukelnde sandsabbelnde möwenmützige graugrüne große gute Elbe!
W. Borchert, *Die Elbe*

Lesen und Verstehen

4 Suchen und Finden. Vergleiche die drei Flüsse.

	entspringt	mündet	schiffbar?	Länge	wichtige Städte	Namens-bedeutung	Besonderheiten
Rhein							
Donau							
Elbe							

Dein Wortschatz

5 Der Fluss von der Geburt bis zum Tod. Finde die richtige Reihenfolge und nummeriere.

☐ das Bächlein ☐ der Bach ☐ der Fluss ☐ die Mündung ☐ die Quelle ☐ der Strom

EUROSPRACHEN

6 Erstelle deine mehrsprachige Vokabelliste.

Deutsch	Italienisch	Englisch	Französisch	Spanisch	Weitere Sprache
r Bach("e)					
r Fluss("e)					
r Kanal("e)					
r Nebenfluss("e)					
e Mündung(en)					
e Quelle(n)					
r Strom("e)					
s Ufer(-)					
r Wasserfall("e)					
entspringen					
fließen					
münden					

Sprechtraining

7 Und Du?

Stelle einen Fluss in deinem Land vor. Welche Bedeutung hat er für die Bevölkerung? Welche Sehenswürdigkeiten gibt es an seinen Ufern?

Vorhang auf!

8 Rollenspiel. Stell dir vor, du bist ein großer deutscher Fluss oder ein Passagier auf Flusskreuzfahrt. Erzähle eine Geschichte mit den Informationen aus den Texten der LE 1.

Lerneinheit II

Deutschland über alles?

Quiz - Bist du fit in Deutschlands Geographie?

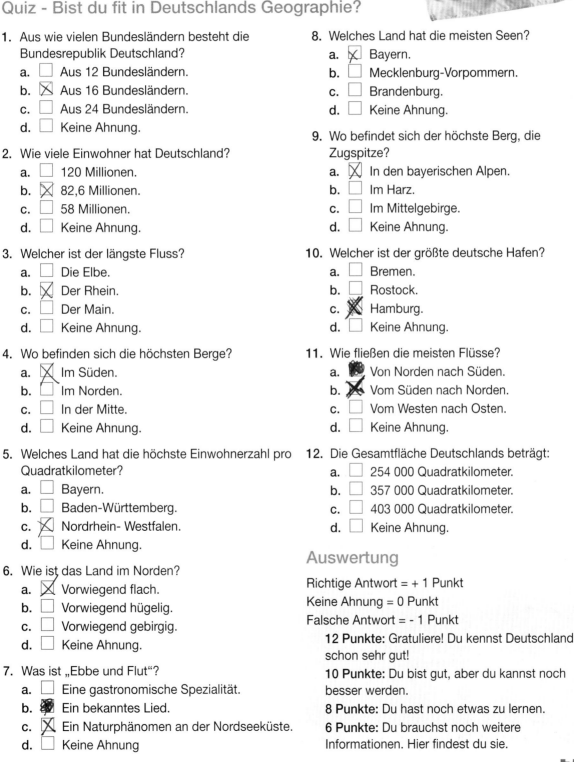

1. Aus wie vielen Bundesländern besteht die Bundesrepublik Deutschland?
   - a. ☐ Aus 12 Bundesländern.
   - b. ☒ Aus 16 Bundesländern.
   - c. ☐ Aus 24 Bundesländern.
   - d. ☐ Keine Ahnung.

2. Wie viele Einwohner hat Deutschland?
   - a. ☐ 120 Millionen.
   - b. ☒ 82,6 Millionen.
   - c. ☐ 58 Millionen.
   - d. ☐ Keine Ahnung.

3. Welcher ist der längste Fluss?
   - a. ☐ Die Elbe.
   - b. ☒ Der Rhein.
   - c. ☐ Der Main.
   - d. ☐ Keine Ahnung.

4. Wo befinden sich die höchsten Berge?
   - a. ☒ Im Süden.
   - b. ☐ Im Norden.
   - c. ☐ In der Mitte.
   - d. ☐ Keine Ahnung.

5. Welches Land hat die höchste Einwohnerzahl pro Quadratkilometer?
   - a. ☐ Bayern.
   - b. ☐ Baden-Württemberg.
   - c. ☒ Nordrhein- Westfalen.
   - d. ☐ Keine Ahnung.

6. Wie ist das Land im Norden?
   - a. ☒ Vorwiegend flach.
   - b. ☐ Vorwiegend hügelig.
   - c. ☐ Vorwiegend gebirgig.
   - d. ☐ Keine Ahnung.

7. Was ist „Ebbe und Flut"?
   - a. ☐ Eine gastronomische Spezialität.
   - b. ☒ Ein bekanntes Lied.
   - c. ☒ Ein Naturphänomen an der Nordseeküste.
   - d. ☐ Keine Ahnung

8. Welches Land hat die meisten Seen?
   - a. ☒ Bayern.
   - b. ☐ Mecklenburg-Vorpommern.
   - c. ☐ Brandenburg.
   - d. ☐ Keine Ahnung.

9. Wo befindet sich der höchste Berg, die Zugspitze?
   - a. ☒ In den bayerischen Alpen.
   - b. ☐ Im Harz.
   - c. ☐ Im Mittelgebirge.
   - d. ☐ Keine Ahnung.

10. Welcher ist der größte deutsche Hafen?
    - a. ☐ Bremen.
    - b. ☐ Rostock.
    - c. ☒ Hamburg.
    - d. ☐ Keine Ahnung.

11. Wie fließen die meisten Flüsse?
    - a. ☒ Von Norden nach Süden.
    - b. ☒ Vom Süden nach Norden.
    - c. ☐ Vom Westen nach Osten.
    - d. ☐ Keine Ahnung.

12. Die Gesamtfläche Deutschlands beträgt:
    - a. ☐ 254 000 Quadratkilometer.
    - b. ☐ 357 000 Quadratkilometer.
    - c. ☐ 403 000 Quadratkilometer.
    - d. ☐ Keine Ahnung.

Auswertung

Richtige Antwort = + 1 Punkt

Keine Ahnung = 0 Punkt

Falsche Antwort = - 1 Punkt

12 Punkte: Gratuliere! Du kennst Deutschland schon sehr gut!

10 Punkte: Du bist gut, aber du kannst noch besser werden.

8 Punkte: Du hast noch etwas zu lernen.

6 Punkte: Du brauchst noch weitere Informationen. Hier findest du sie.

Deutsche Steckbriefe

1 Wo ist was? Schreibe zu jedem Foto die Nummer des Bundeslandes. Benutze auch den Lesetext auf Seite 74-75.

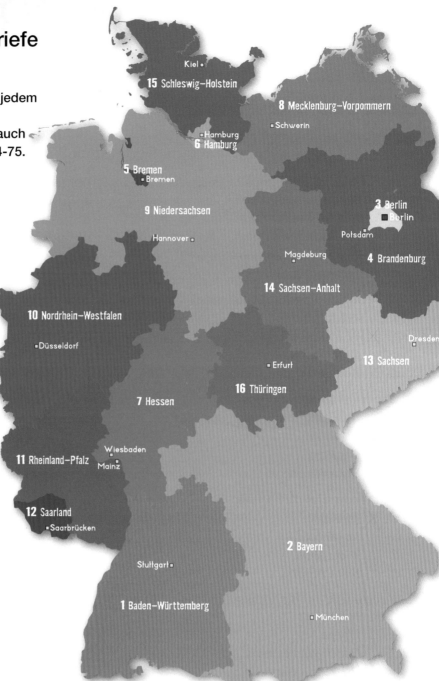

15 Schleswig-Holstein
Kiel

8 Mecklenburg-Vorpommern
Schwerin

6 Hamburg
Hamburg

5 Bremen
Bremen

9 Niedersachsen
Hannover

3 Berlin
Berlin

Potsdam

4 Brandenburg

14 Sachsen-Anhalt
Magdeburg

10 Nordrhein-Westfalen
Düsseldorf

Dresden

13 Sachsen

Erfurt

16 Thüringen

7 Hessen

Wiesbaden

11 Rheinland-Pfalz
Mainz

12 Saarland
Saarbrücken

2 Bayern

Stuttgart

1 Baden-Württemberg

München

Speyer

Hannover

Köln

Völklingen

☒ Lübeck

☐ Potsdam

☒ Rostock

☒ Hamburg

☒ Bremen

☒ Berlin

☐ Wittenberg

☐ Bamberg

☐ Weimar

☐ Leipzig

☐ Frankfurt

☒ Heidelberg

Baden–Württemberg (Landeshauptstadt **Stuttgart**) hat landschaftlich reizvolle Gegenden wie den Schwarzwald und den Bodensee, der mit seinen 538 qkm Deutschland, die Schweiz und Österreich verbindet. Das Klima am Bodensee ist so angenehm mild, dass dort Obst wie sonst nur in den Mittelmeerländern angebaut wird. Die alte Universitätsstadt **Heidelberg** gehört zu den schönsten, historischen Städten der Bundesrepublik.

Bayern (Landeshauptstadt **München**). Bayern ist das flächengrößte Bundesland mit beeindruckenden Naturschönheiten: die Alpen, das Alpenvorland mit zahlreichen Seen, der Bayerische Wald, die Fränkische Alb. **Bamberg** (UNESCO-Weltkulturerbe) liegt wie die ewige Stadt Rom auf sieben Hügeln. Wahrzeichen der Stadt sind der romanisch-gotische Kaiserdom und das wie ein Schiff im Fluss ankernde Rathaus. **Würzburg** (UNESCO-Weltkulturerbe) liegt am Main, umgeben von Weinbergen und überragt von der Festung Marienberg. Sehenswert in der Residenz sind das Treppenhaus und das größte Deckenfresko der Welt von Giovanni Battista Tiepolo. **Nürnberg**, die Stadt von Albrecht Dürer und Hans Sachs, bewahrt in ihren Kirchen spätmittelalterliche Kunstschätze.

Berlin. **Berlin** ist nicht nur die deutsche Hauptstadt, es ist auch wie Hamburg und Bremen ein Bundesland. In Berlin gibt es viel Grün (u.a. den Tiergarten und den Grunewald) und viel Wasser. Zwei große Flüsse, die Spree und die Havel sowie viele kleine Seen und Kanäle durchziehen die Stadt. Berlin ist eine multikulturelle Stadt (die Museumsinsel ist UNESCO-Weltkulturerbe) und bekannt für ihre Weltoffenheit und Toleranz.

Die Flüsse Havel und Spree durchziehen das hügelige **Brandenburg**. Im Nationalpark „Unteres Odertal" wird mit dem Nachbarland Polen aktiver Naturschutz praktiziert. Rund 350 Schlösser und Herrenhäuser gibt es hier, von denen neben Sanssouci in **Potsdam** (Landeshauptstadt) vor allem Rheinsberg und Branitz Ziel zahlreicher Besucher sind. Die Universität Viadrina bestand bereits von 1506 bis 1811 in Frankfurt an der Oder. 1991 wurde die Hochschule als Europa-Universität wieder ins Leben gerufen. Sie ist besonders auf eine polnisch-deutsche Zusammenarbeit bei der Forschung und Lehre ausgerichtet.

Bremen. Die Freie Hansestadt liegt an der Weser und bildet zusammen mit Bremerhaven das kleinste Bundesland. Heute ist **Bremen** der zweitgrößte Hafen Deutschlands. Die 10 Meter hohe Statue des Roland ist ein Symbol für Bremens Freiheit und Unabhängigkeit. Demokratische Ideen und Toleranz haben hier eine lange Tradition.

Hamburg. Als Deutschlands Tor zur Welt und Freie Hansestadt ist **Hamburg** die zweitgrößte deutsche Stadt und der wichtigste Hafen Deutschlands. Gegründet zur Zeit Karl des Großen um 811 als Hammaburg, begann der Aufstieg der Stadt schon im Mittelalter. Hamburg ist heute eine Handels-, Industrie- und Medienstadt, aber auch eine Metropole mit eleganten Straßen, Parks und Kanälen mit über 1000 Brücken.

Viele Industriebranchen machen **Hessen** zu einem großen Wirtschaftszentrum. Die Landeshauptstadt ist **Wiesbaden**. Die Universitätsstadt **Frankfurt a. Main** verdient den Beinamen Mainhattan wegen seiner Skyline und der Bedeutung als Handels-, Bildungs- und Kulturzentrum. Die Buchmesse ist ein Kulturevent für die ganze Welt. Frankfurt ist auch Sitz des Europäischen Währungsinstituts und hat Goethes Geburtshaus als viel besuchtes Museum. Wahrzeichen Frankfurts ist der Rathauskomplex, der so genannte Römer.

Mecklenburg–Vorpommern (Landeshauptstadt **Schwerin**). Das „Land der tausend Seen" ist ein Land mit wenig Einwohnern und vorwiegend landwirtschaftlichem Charakter. Die Müritz mit einer Fläche von 116 qkm ist der größte Binnensee. Gotische Backsteinarchitektur kennzeichnet alte Hansestädte wie **Rostock**, **Wismar**, **Stralsund** und **Greifswald**. Nach der Wiedervereinigung ist der Tourismus ein wichtiger Wirtschaftsfaktor. Rügen, die größte deutsche Insel, ist ein beliebtes Urlaubsziel.

Niedersachsen, ein Land der Superlative: Im zweitgrößten Bundesland mit zirka 8 Millionen Einwohnern befinden sich die beliebtesten Feriengebiete Deutschlands. Die größte mittelalterliche Bibliothek der Welt steht in **Wolfenbüttel**, das älteste Theater Deutschlands in **Celle**. Und nicht zuletzt: der VW-Käfer, *made in* **Wolfsburg** ist bis heute das meistgebaute Auto der Welt. Die Landeshauptstadt **Hannover** ist Sitz der größten Industriemesse der Welt. Das älteste und größte Naturschutzgebiet Deutschlands, die Lüneburger Heide, bietet 500 km Wander-, 400 km Rad- und 300 km Reitwege.

Das Ruhrgebiet, das größte Industriegebiet Europas, macht **Nordrhein-Westfalen** zum bevölkerungsreichsten Land Deutschlands. Die Landeshauptstadt **Düsseldorf** und die ehemalige Bundeshauptstadt **Bonn** sind besonders sehenswert. In der Römerstadt **Köln** (Dom UNESCO-Weltkulturerbe) befinden sich zahlreiche Kulturdenkmäler aus den letzten 2000 Jahren sowie bedeutende Museen. **Aachen** ist heute ein kulturelles Zentrum im Dreiländereck Deutschland–Belgien-Niederlande.

Aus **Rheinland-Pfalz** (Landeshauptstadt **Mainz**) kommen zwei Drittel der deutschen Weinproduktion. Das Rheintal zählt zu den schönsten Landschaften Deutschlands. **Speyer** (UNESCO-Weltkulturerbe) ist neben Mainz und **Worms** eine der ehemaligen Reichsstädte mit einem romanischen Dom. Die älteste deutsche Stadt ist das um 60 v. Chr. gegründete Worms. **Trier** (UNESCO-Weltkulturerbe) besitzt eindruckvolle römische Bauwerke u.a. die Porta Nigra.

Die politische Entwicklung des kleinen **Saarlands** (Landeshauptstadt **Saarbrücken**) spiegelt die deutsche Geschichte im 20. Jahrhundert wider. Das an Kohlengruben und Stahlwerken reiche Gebiet wurde 1920 vom Reich abgetrennt und unter die Verwaltung des Völkerbundes gestellt. Nach dem Zweiten Weltkrieg schloss die Besatzungsmacht Frankreich die Grenzen zum übrigen Deutschland. 1955 entschieden sich die Saarländer für die Bundesrepublik. Heute sind viele ehemalige Fabriken Industriemuseen geworden, u.a. die Eisenhütte **Völklingen** (UNESCO-Weltkulturerbe).

Sachsen weist eine lange industrielle Tradition auf. Das Städtedreieck **Dresden**, **Leipzig**, **Chemnitz** war vor dem Zweiten Weltkrieg das industrielle Herz Deutschlands. Die Landeshauptstadt **Leipzig**, seit dem 15. Jahrhundert Messe- und Universitätsstadt, hat viel anzubieten: das Alte Rathaus, Patrizierhäuser und die Nikolaikirche, wo die Protestbewegung anfing, die am 9.11.1989 zum Fall der Mauer führte.

Sachsen-Anhalt (Landeshauptstadt **Magdeburg**) ist bekannt für seine schönen kleinen Städte mit alten Fachwerkhäusern, für die Schlosskirche in **Wittenberg** und für den Nationalpark Harz. Mythen und Sagen wie die der Walpurgisnacht spielen sich rund um den Brocken ab, den höchsten Berg im Harz (1142 m).

Schleswig-Holstein ist das einzige deutsche Land zwischen zwei Meeren. Die Landeshauptstadt **Kiel** zieht während der Kieler Woche (internationale Segelregatta) Besucher aus aller Welt an. **Lübeck** (UNESCO-Weltkulturerbe), auf einer Insel der Trave von Heinrich dem Löwen gegründet, war die mächtigste der Hansestädte. Das Buddenbrooks-Haus (18. Jh.), in dem Thomas und Heinrich Mann ihre Jugend verbrachten, ist heute ein viel besuchtes Museum.

Wälder, Wiesen, romantische Täler und Schluchten machen **Thüringen** (Landeshauptstadt **Erfurt**) zum grünen Herz Deutschlands. Von großer Bedeutung für die Entwicklung der Stadt **Jena** war 1548 die Gründung der Universität. Die Stadt hatte schon im 19. Jahrhundert eine bemerkenswerte Rolle in der feinmechanisch-optischen Wissenschaft und Industrie (Carl Zeiss). **Weimar** (UNESCO-Weltkulturerbe) ist die Wiege der Deutschen Klassik mit seinen Dichtern Herder, Wieland, Goethe und Schiller.

2 Weißt du die Antwort?

1. Welches Bundesland hat heute viele Industriemuseen, die früher Fabriken und Stahlwerke waren?
2. In welcher Stadt hat 1989 die Protestbewegung angefangen, die zur Wende führte?
3. Wo ist das Klima so mild, dass Obst und Wein gut gedeihen?
4. Welche Stadt war der wichtigste Umschlagplatz der Hanse an der Nordsee?
5. In welcher Stadt haben Herder, Wieland, Goethe und Schiller gewirkt?
6. Wo befindet sich die Europa-Universität Viadrina?
7. Welche Stadt liegt auf einer Flussinsel?
8. Aus welchem Bundesland kommt der berühmte VW-Käfer?
9. Welche Stadt hat schon im 15. Jahrhundert Messen organisiert?
10. Aus welcher Stadt kommen noch heute die bekanntesten Feinoptik-Instrumente?
11. Welches Land hat die niedrigste Einwohnerzahl?

3 Ergänze die Informationen.

1. Das .... Haus kann man in Lübeck besichtigen.
2. Seit .... gehört das Saarland wieder zu Deutschland.
3. Die beliebtesten .... Deutschlands befinden sich in Niedersachsen.
4. In Brandenburg kann man rund 350 .... besichtigen.
5. Backsteinarchitektur charakterisiert .... in Mecklenburg-Vorpommern.
6. Die .... bestand schon in der Zeit 1506-1811 in Frankfurt an der Oder.
7. Mit seinen .... ist der Brocken der höchste Berg im Nationalpark Harz.
8. Im zweitgrößten Bundesland Niedersachsen befindet sich die größte .... der Welt.

4 Ergänze mit Substantiven.

Was kann man besichtigen? ....
Was kann man gründen? ....
Was durchzieht ein Land? ....
Was kann man beschreiben? ....

UNESCO-Weltkulturerbe

UNESCO ist die UNO-Organisation für Wissenschaft und Kultur, die 1972 eine internationale Konvention zum Schutz des Kultur- und Naturerbes der Welt verabschiedete. Die Kriterien sind „Einzigartigkeit" und „Authentizität". Orte oder Gebäude, die auf die UNESCO-Liste kommen, müssen mit einem bedeutenden Abschnitt der Menschheitsgeschichte verbunden sein. Deutschland ist mit 27 Stätten sehr gut auf der Liste des Weltkulturerbes vertreten.

5 Wähle eine oder zwei Sehenswürdigkeiten aus der deutschen UNESCO-Liste. Du findest sie im Internet.
Geografische Lage: Bundesland, Landschaft. Mache dann eine Kurzbeschreibung in Stichworten.

Deutsche Landschaftsbilder: Wattenmeer, Wald und die Wartburg

Natur pur: das Wattenmeer

Was ist das Watt?

Das Wattenmeer ist ein weltweit einzigartiges Ökosystem, das sich von den Niederlanden bis Dänemark auf einer Küstenlänge von etwa 500 km und einer Breite von bis 15 km erstreckt.

Warum gibt es an dieser Küste diese Landschaft?

Der Meeresboden ist flach, nur bis zu zehn Meter tief.

Das Wattenmeer ist geprägt vom Auf und Ab des Meeresspiegels: sechs Stunden lang steigt das Wasser bis an die Deiche [1], sechs Stunden zieht es sich zurück. Der Unterschied zwischen Hoch- und Niedrigwasser, d.h. zwischen Ebbe und Flut, beträgt circa 3,5 m.

Vor der Küste liegen kleine Inseln, die Halligen, die als natürliche Wellenbrecher wirken.

Was gehört noch zum Wattenmeer?

Zum Wattenmeer gehören auch die Salzwiesen vor den Deichen sowie die Dünen und Strände der Inseln.

Welche Lebewesen können dort leben?

Hier hat sich eine spezifische Flora und Fauna entwickelt. Im Watt, das von Prielen [2] durchgezogen wird, leben zahllose kleinste Lebewesen wie Bakterien und Algen, die Schadstoffe [3] im Meereswasser herausfiltern, so dass nach der Flut wieder sauberes Wasser aus dem Wattenmeer in die Nordsee strömen kann. Die Kleinlebewesen sind außerdem Nahrung für Muscheln, Würmer und andere Bodentiere, von denen sich wiederum Fische und Vögel ernähren. Auf den Salzwiesen konnte sich eine besonders große Artenvielfalt von Insekten und Vögeln entwickeln.

Ein Paradies für Vögel: das Wattenmeer ▶

Warum ist diese Landschaft in Gefahr?

Die größten Risikofaktoren sind Schadstoffe, die über Flüsse, Meer und Luft ins Meer fließen. Auch die wirtschaftlichen Aktivitäten wie Fischerei, Jagd und Landwirtschaft sowie der Tourismus bedrohen das empfindliche Ökosystem.

▲ Das Wattenmeer bei Ebbe

Was kann man tun, um das Watt zu retten?

1985 erklärten die Landesregierungen von Niedersachsen und Schleswig-Holstein große Teile des Wattenmeers zum Nationalpark. Auf einem Gebiet von 240000 Hektar gelten seither strenge Bestimmungen für Besucher, eine limitierte landwirtschaftliche Nutzung, Jagd- und teilweise Fischereiverbot. Bald zeigten sich erste Erfolge, so dass das Niedersächsische Wattenmeer 1993 von der UNESCO als Biosphärenreservat anerkannt wurde.

▮Worte&Wörter

1. **r Deich(e):** ein Damm aus Erde zum Schutz vor Überschwemmungen.

2. **r Priel(e):** Wasserstelle bei Ebbe im Watt.

3. **s Kleinlebewesen:** ein sehr kleiner, lebendiger Organismus, sowohl Pflanzen als auch Tiere.

4. **r Schadstoff(e):** Abwässer, Abgase oder giftiger Müll.

5. **e Artenvielfalt:** die Fülle von vielen verschiedenen Arten.

6. **empfindlich:** sensibel, nicht sehr kräftig.

Lesen und Verstehen

6 Trage die Hauptinfos ein.

1. Lage des Wattenmeeres: ....
2. Charakteristika: ....
3. Dimensionen: ....
4. Gründe für diese einmalige Landschaft: ......
5. Zum Wattenmeer gehören: ....

6. Typische Lebewesen: ....
7. Risikofaktoren: ....
8. Entscheidung 1985: ....
9. Größe des Nationalparks: ....
10. Anerkennung 1993: ....

Dein Wortschatz

7 Verbinde sinngemäß Substantive, Verben und Ergänzungen, formuliere dann ganze Sätze.

Beispiel: *Die Priele durchziehen das Watt*

Schadstoffe	bedrohen	von den Niederlanden bis Dänemark
Eine große Artenvielfalt	durchziehen	das empfindliche Ökosystem
Die Landesregierungen	erklären	die Schadstoffe
Die Priele	gehören	auf den Salzwiesen.
Bakterien und Algen	herausfiltern	dieses Gebiet zum Nationalpark
Das Ökosystem	sich entwickeln	das Watt
Die Salzwiesen	sich ernähren	von den kleinen Lebewesen
Muscheln und Würmer	sich erstrecken	zum Wattenmeer

Zwischen Märchen und Forstwirtschaft: der deutsche Wald

Vielleicht haben Grimms Märchen bewirkt, dass man heute vielerorts glaubt, das Gebiet zwischen Alpen und Nord- und Ostsee sei stets dicht bewaldet gewesen. Ganz falsch ist das nicht: Gegen Ende der letzten Eiszeit war das gesamte
5 nördliche Europa von Wald überzogen [1]. Doch zu Beginn des frühen Mittelalters veränderte sich die Landschaft stark. Die Bevölkerung wuchs, Dörfer wurden gegründet und immer mehr Wald verschwand. Im feucht-kühlen Mitteleuropa war Brenn- und Bauholz notwendig zum Überleben und der
10 dichte Wald wurde an vielen Orten zu Heideland [2].
Gegen Ende des 18. Jahrhunderts aber begann in den deutschen Ländern ein Umdenken [3]. Der Impuls kam von den Adeligen, die seit dem späten Mittelalter kleine Wälder mit hohen Bäumen pflegten, um dort jagen zu können. Nun entdeckten sie, dass diese Forsten, wie man sie nannte, auch Geld bringen
15 konnten. Doch wie ließen sich die Gewinne mit Holz erreichen? Man brauchte Fachleute, und so entstand die Forstwissenschaft. Die Förster veränderten die deutsche Landschaft entscheidend. Meist wurden die Bäume streng aufgereiht und in Monokulturen gepflanzt. Gesellschaftlich hatten die Förster ein hohes Prestige: sie widmeten sich einer Sache, die bald ein nationales Symbol wurde.
20 Der Wald hat im ganzen deutschsprachigen Raum nicht nur eine ökonomische, sondern auch eine ökologische Funktion. In den 1980er Jahren warnten Umweltschützer vor der Gefahr durch sauren Regen [4]. Das Wort *Waldsterben* wurde ein Begriff in europäischen Fremdsprachen. Durch besseren Umweltschutz gibt es nun aber immer noch Wälder in Deutschland. Die Panik ist vorbei und man
25 entspannt sich wieder bei Ausflügen ins Grüne.

▉ Worte&Wörter

1 **überzogen**: (*hier*) bedeckt.
2 **s Heideland**: eine Landschaft ohne hohe Bäume mit Gebüsch.
3 **s Umdenken**: die Meinung ändern.
4 **saurer Regen**: Regen voller Schadstoffe.

Lesen und Verstehen

8 Suchen und Finden.

Wo steht das im Text?	Zeile
1. Die Forsten waren im späten Mittelalter Jagdgebiete der Adeligen.	
2. In der letzten Eiszeit war Nordeuropa von Wald bedeckt.	
3. Ende des 18. Jahrhundert entstand die Forstwirtschaft.	
4. Die Adeligen wollten mit ihren Wäldern Geld verdienen.	
5. In den 1980er Jahren war der Wald in Gefahr.	
6. Die Deutschen lieben ihre Wälder.	
7. Der Förster genießt hohes Ansehen.	

Alle Bundesländer sind stolz auf ihre Wälder. Mein Lieblingswald ist in der Eifel!

▲ Die Eifel erstreckt sich durch zwei Bundesländer von Aachen bis nach Trier. Im Norden schützt seit 2004 ein Nationalpark (110 qkm) diese magische Naturlandschaf

Dein Wortschatz

9 Ein Wettspiel: Was gehört alles zum Wald? Welche Pflanzen und welche Tiere leben im Wald? Wer in zehn Minuten die meisten Namen findet, gewinnt.

Pflanzen	Tiere

10 Was machst du gern im Wald? Wähle Begriffe aus der Liste und bilde kurze Sätze.

am Lagerfeuer sitzen   ein Picknick machen   Blumen und Beere pflücken   Pilze sammeln
wandern   Rad fahren   nachdenken   schlafen   mit dem Hund spazieren gehen
Märchen inszenieren   sich verlaufen   Pflanzen bestimmen   Tiere beobachten   sich erholen
lesen   Volkslieder singen   Gedichte schreiben   zelten

Wenn ich im Wald bin ... Ich mache ein Picknick mit meiner Freude. ... Ich fahre mit dem Rad und wandere am Fuss.

Sprechtraining

11 Und Du?

Gibt es viele Wälder in deinem Land? Welche Märchen kennst du, in denen der Wald eine Rolle spielt?

Romantisch wie im Bilderbuch: die Wartburg

Alte Gemäuer [1] (1067 gegründet) und junges Weltkulturerbe: die Wartburg bei Eisenach wurde erst 1999 unter den Schutz der UNESCO gestellt. Die malerisch über den Hügeln des Thüringer Waldes thronende Burg hat mehrfach Geschichte geschrieben. Im Jahre 1206 versammelten sich auf der Wartburg die bedeutendsten Minnesänger [2], u.a. Wolfram von Eschenbach, Walther von der Vogelweide, und Heinrich von Ofterdingen. Sie wollten den Burgherrn mit ihren Liedern erfreuen. Martin Luther übersetzte auf der Wartburg das Neue Testament ins Deutsche. Und hier protestierten 1817 beim „Wartburgfest" Studenten erstmals für ein freies und vereintes Deutschland. Heute ist die Wartburg eines der beliebtesten Besucherziele. Zu Fuß quälen [3] sich jeden Tag Hunderte Touristen hinauf bis zur Zugbrücke, um die deutscheste aller Burgen zu sehen.

Sinnbild deutscher Geschichte: die Wartburg in ▲ Thüringen

◼Worte&Wörter

1 **s Gemäuer(-)**: altes Mauerwerk.
2 **r Minnesänger(-)**: Liedermacher, die im 12.-14. Jh. an den Höfen der Fürsten und Könige sangen.
3 **sich quälen**: (*hier*) mit Schwierigkeiten und Mühe hochkommen.

Lesen und Verstehen

12 Trage die Hauptinfos in die Tabelle ein.

1. Bundesland	
2. Geschichtliche Ereignisse auf der Wartburg	
3. Typische Merkmale der Wartburg	

Recherche

13 Und Du?
Welche deutsche Landschaft interessiert dich am meisten? Wähle ein Reiseziel und plane die Reise. Recherchiere im Internet oder in Reiseführern. Folgende Punkte kannst du behandeln: geografische Lage, geschichtliche Infos, Reiseweg, vorgesehene Dauer der Reise, Verkehrsmittel, Unterbringung, Besichtigungen und Sehenswürdigkeiten am Ort.

Es steht auf dem Fels rings um zu schau'n
Ein altes Schloß in Thüringens Gau'n,
Als Stammsitz edler Fürsten bekannt,
Zur Wartburg ward die Zinne benannt.

Hier wurde geführt in alter Zeit
Der Minnesänger berühmter Streit.
Sie prießen laut das Lob ihres Herrn,
Wie zarter Schönheit leuchtenden Stern.

N. Herder, *Das bleiche Bild* (Ballade)

Deutschlands heimliche Hauptstadt mit Herz – München

Hören und Verstehen

14 Münchens historisches Zentrum.
   A Höre den Text und nummeriere die 17 Etappen auf dem Stadtplan.

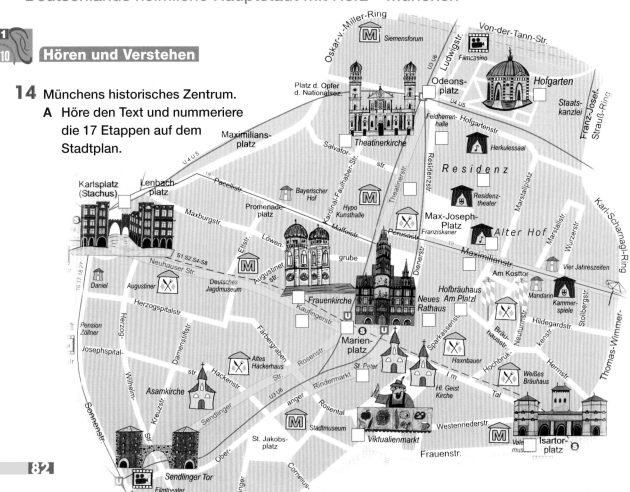

B Höre den Text noch einmal und bringe die Fotos in die richtige Reihenfolge.

a ☐ Frauenkirche

f ☐ St. Peter

j ☐ Viktualienmarkt

b ☐ Theatinerstrasse

g ☐ Kaufingerstraße

k ☐ Maximilianstraße

c ☐ Stachus

h ☐ Das Neue Rathaus

l ☐ Isartor

d ☐ Marienplatz

m ☐ Hofbräuhaus

e ☐ Odeonsplatz

i ☐ Das Deutsche Museum

n ☐ Feldherrenhalle

C Höre den Text noch einmal und ergänze die Lücken. Der Stadtplan kann dir helfen.

Im .... zwischen Isartor, Sendlinger Tor, Karlstor und Odeonsplatz liegen viele der schönsten
.... Unsere Stadtbesichtigung beginnt am Marienplatz. Hier steht das Neue Rathaus. Sehr
bekannt ist seine neugotische Fassade, an deren Turm jeden Tag um 11 Uhr und um 12 Uhr (im
Sommer auch um 17 Uhr) das weltberühmte Glockenspiel von vielen Touristen bewundert wird. Links
vom Rathaus kommt ihr über die Weinstraße in die Theatinerstraße mit ihren eleganten Läden, Galerien
und Cafés. Dahinter öffnet sich bereits der Odeonsplatz mit dem Nationaltheater. Direkt daneben
befindet sich der einmalige Schlosskomplex. Besonders sehenswert in der .... ist die
Schatzkammer. Zur Residenz gehört auch der viel besuchte Hofgarten. Dem Nationaltheater fast
gegenüber erhebt sich die ...., nach italienischem Vorbild gebaut wie auch die benachbarte
Feldherrenhalle. Über die noble Maximilianstraße mit ihren Boutiquen und Designerläden geht es weiter
in den Burggraben zum alten Hof, dem ehemaligen .... Nicht weit entfernt ist das Hofbräuhaus,
das wohl berühmteste Wirtshaus der Welt. Dann gelangen wir zum Isartor, so erhalten wie im 14.
Jahrhundert. Braucht ihr eine Erholungspause? Dann ist der Viktualienmarkt gerade richtig: an seinen
wunderschönen Lebensmittelständen und Imbissstuben kann man Leckeres aus Deutschland und aus
der ganzen Welt probieren. Frisch gestärkt kommen wir an der Kirche St. Peter vorbei in die
Kaufingerstraße, *die* .... der Stadt, mit zahlreichen Boutiquen und Shoppingpalästen. Vor allem
finden wir hier aber das Wahrzeichen Münchens: die mächtige Frauenkirche aus der Spätgotik.
Schließlich kommen wir zum Stachus – so genannt nach einem Wirt namens Eustachus, der hier ein
Lokal hatte. Der offizielle Name, Karlsplatz, ist fast vergessen. Vom Stachus aus sind es nur ein paar
Minuten zum .... Oder wollt ihr es euch überlegen und noch länger in München bleiben? Die
Stadt hat auch Kunstinteressierten viel zu bieten: die drei .... bilden das Zentrum eines richtigen
Museumsviertels: da gibt es die Alte Pinakothek mit .... Meisterwerken bis zum 18. Jahrhundert,
die Neue Pinakothek mit .... Impressionisten und der deutschen Kunst des 19. Jahrhunderts und
schließlich die Pinakothek .... Nicht zu vergessen das Deutsche Museum auf der Isarinsel, ein
Techniktempel der Superlative. Und das Nachtleben? Auf ins Studentenviertel Schwabing: Kneipen,
alternative Theater, typisch bayerische Biergärten und Jazzlokale warten auf euch.

Eine lebendige Barockstadt – Dresden

 Hören und Verstehen

15 Lies die Fragen vor dem Hören und höre den Dialog zweimal.

1. Wie viele Gäste besuchen pro Jahr Elbflorenz? 2. In welchem Stil ist die Semperoper gebaut? 3. Wo
befindet sich die Sixtinische Madonna von Raffaello? 4. In welchem Jahrhundert zogen viele Künstler

nach Dresden? **5.** Welcher Herzog hat die Stadt zu einem Zentrum der Künste gemacht? **6.** Welche expressionistische Künstlergruppe entstand hier? **7.** Erste Katastrophe: ..... **8.** Zweite Katastrophe: ..... **9.** Dritte Katastrophe: ..... **10.** Von welcher Terrasse genießt man den schönsten Blick auf die Stadt? **11.** Was ist Meißen?

16 Höre den Dialog noch einmal und ergänze zu jedem Foto die Bildunterschrift.

1. Die ...., originaltreu wieder aufgebaut.

2. Der Wiederaufbau der Frauenkirche wurde von .... finanziert.

3. Im Zwinger ist auch die .... Alte Meister.

4. Der Balkon Europas, 1739 im .... gebaut.

5. Das .... im August 2002

6. 14. Februar 1945 .... verwüstet

7. In Dresden entstand 1905 die ....

8. Seit 1710 wird in Meißen kostbares .... hergestellt.

9. Kurfürst August bereicherte die Stadt mit .... und die Menschheit mit 352 ....

„Ich hab noch einen Koffer in Berlin"

Berlin für junge Leute

▲ Shopping-Mall am Potsdamer Platz

Berlin ist immer in Bewegung - nicht nur zur Love Parade. In jedem Stadtteil zeigt sich die Stadt von einer anderen Seite. Tagsüber gibt es rund um die neue Mitte moderne und historische Architektur zum Anfassen, Shopping-Malls und trendige Boutiquen laden zum Stöbern [1] ein. Am Abend hat man die Wahl zwischen Theater, Kino oder Live-Konzerten und danach kann man in den schrägsten [2] Clubs abfeiern bis zum Morgengrauen.

Berlins Nachtleben ist vielfältig: Edle Clubs und Bars rund um den Hackeschen Markt und entlang der Oranienburger Straße, gemütliche Cafés und Restaurants im Prenzlauer Berg, schräge Kneipen für Freunde der Subkultur in der Kreuzberger Oranienstraße oder die neue Ausgehmeile in der Simon-Dach-Straße in Friedrichshain.

Auf vier Rollen durch die Stadt flitzen macht im Sommer einfach Spaß! In Berlin gibt es zahlreiche Skate-Anlagen, in denen man ungestört boarden kann. Und richtig Gas geben kann man auf speziellen Routen mit angenehm glattem Asphalt.

Typisches Café am Prenzlauer ◄ Berg

Heiße Rhythmen ▶ in einer Berliner Diskothek

Wer sich nur auf seine Füße verlässt, nimmt dagegen am legendären Berliner Marathon teil.

In Berlin gibt es eine lebendige Modeszene. Ungewöhnliche Ideen und gewagte [3] Kreationen setzen neue Trends. Viele junge Modemacher haben ihre Geschäfte in Mitte oder Prenzlauer Berg. Wer gerne auf Flohmärkten nach verborgenen Schätzen sucht, wird in Berlin bestimmt fündig [4]. Das eine oder andere heiße Teil findet sich vielleicht auch in einem der vielen Second-Hand Läden. „Berlin ist immer eine Reise wert". Dieser klassischer Werbeslogan ist aktueller denn je. Durch die Wiedervereinigung und die Osterweiterung der EU rückt Berlin immer mehr ins Zentrum des Interesses. Und deshalb halten sich Menschen aus aller Welt heute wieder an den Marlene Dietrich-Song: *Ich hab noch einen Koffer in Berlin.*

▲ Mitmachen ist alles: Berliner Marathonrennen

▲ Marlene Dietrich (1901-1992)

Wer suchet, der findet: Berliner ◄ Flohmarkt

Lesen und Verstehen

17 Weißt du die Antwort?

a. Warum heißt es „Berlin ist immer in Bewegung"?

b. Warum heißt es „Berlins Nachtleben ist vielfältig"?

c. Was können Skate-Fans in Berlin machen?

d. Was ist typisch für die Mode-Szene in Berlin?

e. Warum ist der klassische Werbeslogan aktueller denn je?

Worte&Wörter

1 **stöbern**: suchen.

2 **schräg**: seltsam, ungewöhnlich, ein wenig verrückt.

3 **gewagt**: (*hier*) ausgefallen.

4 **fündig werden**: finden.

Hören und Genießen

18 Wie findest du den Song „Ich hab noch einen Koffer in Berlin"?

Sprechtraining

19 Du planst mit deinem Freund/ deiner Freundin ein Wochenende in Berlin.

Redemittel

Ich schlage vor...
Ich möchte zuerst...
Meinst du nicht,...?
Mich interessiert vor allem...

Ja, aber ich möchte auch...
Ich bin (nicht) einverstanden, weil...
Wir müssten unbedingt...
Zuletzt...

Etappen aus der Geschichte einer Hauptstadt

▲ Historische Ansicht des Boulevards Unter den Linden

Die Stadt entstand Anfang des 13. Jahrhunderts aus zwei Siedlungen, Cölln auf der Spreeinsel und Berlin an dem Nordufer der Spree. Mit Kurfürst Friedrich Willhelm von Brandenburg begann im 17. Jahrhundert der Aufstieg der Stadt. Er ließ u.a. den berühmten Boulevard Unter den Linden ausbauen. Als 1701 das Kurfürstentum Brandenburg zum Königreich Preußen wurde, wurde Berlin Haupt- und Residenzstadt Preußens. Friedrich der Große machte Berlin zu einem Zentrum der europäischen Kultur und Wissenschaft. Im 19. Jahrhundert erhielt die Stadt durch den Bildhauer und Architekten Karl Friedrich Schinkel ihr klassizistisches Gesicht, das man noch heute, insbesondere am Platz der Akademie bewundern kann.

Nach 1871 entwickelte sich Berlin, jetzt Hauptstadt des Deutschen Reiches, zu einer Weltmetropole.
Zur Zeit der Weimarer Republik hatte Berlin, Hauptstadt der jungen Republik, zwei Gesichter: einerseits kultureller Mittelpunkt Europas (mit Schriftstellern wie Tucholsky, Döblin und Brecht, Komponisten wie Weill und Maler wie Otto Dix), andererseits Brennpunkt sozialer und politischer Probleme. Nach Hitlers Machtergreifung fanden 1936 in Berlin die Olympischen Spiele statt. Sie dienten zu Propagandazwecken, denn Berlin als Hauptstadt des Dritten Reichs sollte das Symbol eines starken Deutschlands sein.

▲ Ebenso historisch: der Platz der Akademie

Im Zweiten Weltkrieg fast total zerstört, war die Stadt von 1945 bis 1949 vier Jahre lang unter der Verwaltung der Alliierten. Ab 1949 gab es zwei Städte: Berlin Ost, Hauptstadt der DDR und Berlin West, das mit einem Sonderstatus zur BRD gehörte. 1961 wurde die Stadt durch die Mauer zweigeteilt. Diese Trennung endete erst am 9. November 1989. Seit 2000 ist Berlin wieder die Hauptstadt von ganz Deutschland.

Lesen und Verstehen

20 Trage die Hauptinfos in die Tabelle ein.

1. 13. Jh.:	**7.** Weimarer Republik:
2. 17. Jh.:	**8.** 1936:
3. 1701:	**9.** 1945:
4. Unter Friedrich dem Großen:	**10.** 1949:
5. 19. Jh.:	**11.** 1961-1989:
6. 1871:	**12.** 2000:

7 Bezirke, einer interessanter als der andere

1. **Charlottenburg**, barock, war vor der Wiedervereinigung das Zentrum Westberlins.

2. **Prenzlauerberg**, lebendig, Literaten und Studenten prägten schon zur DDR-Zeit das Image des Prenzlauerberges mit restaurierten Häusern aus der Kaiserzeit. Eine besonders beliebte Ausgehmeile sind die Kastanienallee und der Kollwitzplatz, wo einst die Bildhauerin Käthe Kollwitz wohnte. Jüdische Kultur findet sich rund um die Alte Synagoge.

3. **Tiergarten**, diplomatisch, ist das politische Zentrum Deutschlands. Der Bundespräsident residiert hier im Schloss Bellevue.

4. **Köpenick**, idyllisch, das auf einer Insel gegründete Fischerdorf hat mit seinem Rathaus und den engen Gassen den Charme einer Kleinstadt.

5. **Mitte**, zentral, ist Berlins altes und neues Zentrum. Mittendrin liegt der Potsdamer Platz, nicht weit davon erstrahlt das Brandenburger Tor und der Prachtboulevard Unter den Linden.

6. **Kreuzberg**, alternativ, war schon in der geteilten Stadt der Berliner Szenebezirk. Nach dem Mauerfall wurde Kreuzberg noch schicker. Ohne sein alternatives Flair zu verlieren.

7. **Zehlendorf**, erholsam, lockt mit Grunewald und Wannsee erholungsbedürftige Spaziergänger und Badegäste an. Nur mit der Fähre ist das romantische Paradies der Pfaueninsel erreichbar.

Lesen und Verstehen

21 Trage zu jedem Bezirk die Hauptinfos ein.

1. Charlotten-burg	2. Prenzlauer-berg	3. Tiergarten	4. Köpenick	5. Mitte	6. Kreuzberg	7. Zehlendorf

Kultur in Berlin

Die 17 staatlichen Museen der Stiftung Preußischer Kulturbesitz bilden den größten Museumskomplex des Kontinents (u. a. die Neue Nationalgalerie, das Pergamonmuseum und das Bodemuseum auf der Museumsinsel). Hinzu kommen umfangreiche Spezialsammlungen von überregionaler Bedeutung (u.a. Bauhaus-Archiv, Brücke-Museum, Ägyptisches Museum) und über 200 private Galerien. Mit 150 Bühnen ist Berlin die bedeutendste deutsche Theaterstadt (u.a. Deutsches Theater, Berliner Ensemble, Schaubühne, Volksbühne). Die Berliner Philharmoniker und weitere acht große Orchester mit Dirigenten von Weltruf sorgen für ein einzigartiges Angebot an klassischer Musik. Mit dem Friedrichstadtpalast besitzt Berlin das größte Revue-Theater Deutschlands.

Eventkalender

Februar
Berlinale
(Internationale Filmfestspiele)

Mai
Theatertreffen
(Deutschsprachiges Theater)

Mai-Juni
Karneval der Kulturen

Juni
Internationales Literaturfestival

September
Berliner Festwoche
(Internationale Theater- und Tanzszene)

November
Jazzfestival

◄ Ein Engel krönt die Berliner Siegessäule

Berlin, Stadt der Engel

In Wim Wenders' Film *Der Himmel über Berlin* (1987) wird der Raum in und um Berlin von Engeln bewohnt. Diese Engel wenden sich den Menschen liebevoll zu. Sie zeigen uns die Freuden, Ängste und Sehnsüchte der Berliner Bevölkerung.

Der Film bietet ein Bild Westberlins in den Jahren vor der Wiedervereinigung. Ein Bild mit Kontrasten: Berlin als moderne, lebendige Metropole mit Einwohnern aus aller Welt, aber auch als Stadt, in der Einsamkeit und Verzweiflung herrschen. Spuren der Geschichte sind überall erkennbar. Die Stadt ist noch immer gezeichnet von den Folgen des Kriegs und der Teilung.

Engel in der Kunst, auf Friedöfen, zentralen Plätzen und als Kirchenschmuck findet man überall im Berliner Stadtgebiet. Als prachtvolle Erinnerung an Siege ebenso wie als stiller Ausdruck privater Trauer.

Lesen und Verstehen

22 Fasse die Infos kurz zusammen

1. Thema des Films von Wim Wenders: ....
2. Gefühle der Engel gegenüber den Menschen: ....
3. Gefühle der Berliner: ....
4. Geschichtlicher Hintergrund: ....
5. Kontraste in der Stadt: ....
6. Bedeutung der vielen Engel in der Stadt: ....

Deutschland als Ferienland

Urlaubsziele der Deutschen 2003

Im Jahr 2003 keine Urlaubsreise	41,5 %
Deutschland	20,3 %
Spanien	8,0 %
Italien	5,2 %
Österreich	5,0 %
Sonstige Länder	4,3 %
Türkei	4,2 %
Osteuropa	3,3 %
Frankreich	1,7 %
Griechenland	1,7 %
Benelux	1,2 %
Dänemark	1,0 %
Portugal	0,8 %
Großbritannien / Irland	0,7 %
Schweiz	0,5 %
Skandinavien	0,5 %

▲ Die Nordsee ist ein klassisches Urlaubsziel

Deutschland ist Spitze [1]

Jeder fünfte Bundesbürger hat 2003 seinen Urlaub (mindestens sieben Tage) im eigenen Land verbracht. Wer auf Sylt zwischen Mitte Juli und Ende August nach einer Schlafstatt [2] fragt,
5 wird angeguckt, als habe er einen leichten Dachschaden [3]. Im Jahrhundertsommer 2003 aber galt er als schwerst verrückt. Sylt war knallvoll. Desperate Sylt-Fahrer, so meldete die *Bunte* hätten Garagen angemietet – zum Pennen [4].
10 Andere suchten in Strandkörben [5] Asyl oder rollten sich in den Dünen zusammen.
In Hamburg standen Besucher geduldig Schlange [6] – für ein Musical-Ticket, eine Hafenrundfahrt. An der Küste von Mecklenburg-
15 Vorpommern und an den Binnenseen war jede Badewanne ausgebucht [7]. Ja, der Reisesommer war sehr groß. Und sehr bodenständig [8]. „Das wird unser Jahr", ahnte Ursula Schörcher, langjährige Chefin der Deutschen Zentrale für
20 Tourismus, bereits im Frühling. Tatsächlich haben die Deutschen, seit 50 Jahren Weltmeister in Auslandsreisen, zahlreicher denn je die eigene Scholle frequentiert [9]. Cooler als London war Hamburg (9,1 Prozent mehr Übernachtungen).
25 Und nicht das Hedonisten-Mekka Toskana lag im Trend, sondern die kulinarische Savanne [10] Meck-Pomm (plus 5,8 Prozent vor Bayern und Schleswig-Holstein auf Platz eins der populärsten Feriengebiete). Sachsen konnte mit fast drei Prozent mehr Übernachtungen punkten. 1,5 30 Prozent der Deutschen machten nach Umfragen 2003 keine ausgewachsene Urlaubsreise. Auffällig [11]: viele Urlaubsverweigerer [12] leben im viel besuchten Bayern, wo die Ansässigen [13] bei Umfragen regelmäßig allerhöchste Lebenszu- 35 friedenheit zeigen.

▊ Worte&Wörter

1 **Spitze sein**: (*idiomatisch*) sehr beliebt.

2 **e Schlafstatt("en)**: Schlafmöglichkeit.

3 **einen Dachschaden haben**: (*idiomatisch*) dumm oder verrückt sein.

4 **pennen**: (*idiomatisch*) schlafen.

5 **r Strandkorb("e)**: typische Sitzmöglichkeit an Nord- und Ostsee, um sich vor dem Wind zu schützen.

6 **Schlange stehen**: in einer Reihe warten.

7 **jede Badewanne war ausgebucht**: (*idiomatisch*) alle Schlafmöglichkeiten waren belegt.

8 **bodenständig**: fest verwurzelt, d.h. man ist in der Heimat geblieben.

9 **e eigene Scholle frequentieren**: (*idiomatisch*) im Inland bleiben.

10 **e kulinarische Savanne Meck-Pomm**: (*idiomatisch*) die kulinarische Wüste Mecklenburg-Vorpommern.

11 **auffällig**: bemerkenswert.

12 **r Urlaubsverweigerer**: jmd, der keinen Urlaub machen will.

13 **r Ansässige**: r Einwohner.

23 Suchen und Finden.

Wo steht das im Text?	Zeile
1. Auf Sylt konnte man im Sommer 2003 kein freies Zimmer finden.	
2. Man hat sogar in Garagen, in Strandkörben oder einfach am Strand geschlafen.	
3. Ganz Mecklenburg-Vorpommern war mit Urlaubern überfüllt.	
4. Die Deutschen fahren normalerweise sehr gern ins Ausland.	
5. Im Sommer 2003 sind viele Deutsche im Inland geblieben.	
6. Vor allem in Bayern haben die Bundesbürger ihre Ferien im eigenen Land verbracht.	

Dein Wortschatz

24 Ergänze die Sätze mit dem Wortschatz aus dem Text *Deutschland ist Spitze*.

1. Wenn etwas trendy ist, ist es ....
2. Wenn jemand sich dumm verhält, sagt man idiomatisch, er ....
3. Wenn der Wind an der Nordsee zu kalt ist, schützt man sich in einem ....
4. Wenn man schlafen will, heißt es idiomatisch, man will ....
5. Wenn Menschen gern im Inland, in der Heimat bleiben, sind sie ....
6. Wenn man etwas nicht machen will, ist man ein ....
7. Wenn man an einem Ort wohnt, ist man dort ....

Recherche

Sprechtraining

25 Suche Informationen über einen der erwähnten Ferienorte und schreibe dazu einen kurzen Steckbrief.

1. Ferienort: ....
....

2. Bundesland: ....
....

3. Landschaft: ....
....

4. Historische Aspekte: ....
....

5. Sehenswürdigkeiten: ....
....

6. Freizeitaktivitäten: ....
....

7. Sportmöglichkeiten: ....
....

26 Und Du?

Wo möchtest du in Deutschland am liebsten deine Ferien verbringen? Beschreibe deinen idealen Ferienort und begründe deine Wahl.

Redemittel

Der Ort liegt in...... Die Landschaft ist durch.../von.... charakterisiert....

Dort kann man..... Sport/Wassersport treiben/klettern/Rad fahren/wandern/etc...

Ich möchte dort Ferien/oder einen kurzen Urlaub verbringen, weil ich gern..../weil ich.... besichtigen möchte/weil ich mich für.... interessiere....

Lerneinheit III

Felix Austria?

ich
rot
weiß
rot

E. Jandl, *Eine Fahne für Österreich*

Unterschiedliche Landschaften, verschiedene Menschen

Hören und Verstehen

2 A Höre den Text und ergänze.

Berge   Ebene   Landschaft
Seen   Szenerie

1. die vergletscherten ....
2. die weite ....
3. die vielen ....
4. die hochalpine .... / ....

B Welche Sportarten kommen im Interview vor?

B.........., B.........., D.........., F.........., G.........., K.........., R..........,
R.........., S.........., S.........., S.........., T.........., W..........

Dein Wortschatz

1 Österreich. Erstelle ein Assoziogramm.

Österreich

☐ Bregenz

☐ Eisenstadt

☐ Klagenfurt

☐ Innsbruck

Österreichische Steckbriefe

3 Wo ist was? Schreibe zu jedem
Foto die Nummer des
Bundeslandes. Benutze
auch den Lesetext auf
Seite 95.

4 Oberösterreich

3 Niederösterreich

10 Wien

1 Burgenland

9 Vorarlberg

5 Nordtirol

7 Salzburgerland

8 Steiermark

6 Osttirol

2 Kärnten

☐ Linz

☐ Wien

☐ St. Pölten

☐ Graz

☐ Salzburg

☐ Lienz

Das **Burgenland** war bis zum Ende des 1. Weltkriegs ungarisches Gebiet. Haydns Musik prägt die Hauptstadt **Eisenstadt**, wo jährlich im September das Haydn-Festival stattfindet. Zahlreiche Burgen und Schlösser, denen das Land seinen Namen verdankt, umgeben die Stadt. Wahrzeichen ist Schloss Esterhazy, das zur Zeit des Königreichs Ungarn Mittelpunkt des höfischen Lebens war.

Kärnten, auch Land der Tausend Seen genannt, ist die mediterrane Seite des Alpenlandes. Seine Hauptstadt **Klagenfurt** liegt am wärmsten Alpensee Europas und auf dem Weg nach Italien. Das kündigen auch die eleganten Bauten im venezianischen Stil an. Der Alte Platz ist die älteste Fußgängerzone Österreichs. Auf dem Neuen Platz steht der Lindwurm, eine Drachenplastik, die an die Gründungssage und den Ursprung des Stadtnamens als „Furt [1] der Klagen [2]" erinnert.

Niederösterreich, das größte Bundesland und das bedeutendste Weinbaugebiet an der Donau, ist ein grünes, sanftes Hügelland. Seine Hauptstadt **St. Pölten** ist die jüngste Landeshauptstadt (1986) und älteste Stadt Österreichs zugleich. 1992 wurde ein architektonisch einzigartiges Regierungsviertel eröffnet mit einem Landtagsgebäude, auch „Schiff" genannt, und einem Klangturm mit Räumen in Form von begehbaren Kugeln.

Zwischen dem Böhmerwald und dem Dachstein liegt **Oberösterreich** mit dem UNESCO-Weltkulturerbe Salzkammergut und großen, klaren Bergseen. Seine Hauptstadt **Linz**, die ehemalige Kaiserresidenz und drittgrößte österreichische Stadt, ist zugleich der größte Donauhafen und das zweitgrößte Wirtschaftszentrum in Österreich. Von der ursprünglichen Schwerindustrie (Eisen, Stahl, Chemie) ist Linz zum führenden Zentrum der High-Tech-Industrie geworden. Jährlich ziehen die *Ars Electronica* [3] und die *Multimediale Klangwolke* [4] Computerfreaks aus der ganzen Welt an.

Die Brücke im Stadtwappen deutet auf den Ursprung der Handelsstadt **Innsbruck** hin. 1964 und 1976 Stadt der olympischen Winterspiele, wird **Nordtirols** Hauptstadt als ehemalige Kaiserstadt auch „Schatzkammer in den Alpen" genannt. Sehenswert ist das „Goldene Dachl" mit Reliefen aller Länder, die Kaiser Maximilian, „der letzte Ritter", durch Heiratsdiplomatie erworben hatte.

Osttirols Hauptstadt **Lienz**, die kleine „Perle der Dolomiten", hat immer noch ein ländliches Stadtbild. Wahrzeichen von Lienz ist das Rathaus in der Liebburg mit Rundtürmen. Nordtirol und Osttirol bilden zusammen das drittgrößte Bundesland Tirol, berühren sich aber nicht direkt. Viele Ausländer sehen Tirol mit seinen Bergbauerntraditionen als *das* Österreich.

Das **Salzburgerland** mit seinen Salzbergwerken gelangte durch den Handel mit dem „weißen Gold" zu Reichtum und Wohlstand. **Salzburg** wurde mit seiner Altstadt und der Festung Hohensalzburg 1996 UNESCO-Weltkulturerbe. In der Getreidegasse steht Mozarts Geburtshaus. Ihm sind die Salzburger Festspiele gewidmet.

Die „grüne" **Steiermark** grenzt an Ungarn und an Slowenien und ist davon auch kulturell geprägt. Die Hauptstadt **Graz** an der Mur entwickelte sich um den Schlossberg. Wahrzeichen ist der berühmte Uhrturm, bei dem der kleine Zeiger die Minuten und der große die Stunden anzeigt. 1999 wurde Graz als Beispiel für integrierte Architektur unterschiedlicher Epochen in die UNESCO-Liste aufgenommen und war 2003 Europäische Kulturhauptstadt.

Das westlichste Bundesland **Vorarlberg** ist wirtschaftlich mit der Schweiz verbunden und verdankt den ersten Skipionieren seinen Ruhm. Die Hauptstadt **Bregenz** liegt am D-A-CH-FL Vierländereck und am Bodensee. Hier feiert man jeden Spätsommer die Bregenzer Festspiele. Im einzigen Seehafen Österreichs lebte man einst von Fischerei. Daran erinnert ein eigenartiger Haifisch am Stadttor. Glück soll er bringen!

Wien, das kleinste österreichische Bundesland, umfasst den grünen Wienerwald und die gleichnamige Bundeshauptstadt. Mit 1,6 Millionen Einwohnern und dem Stadtbild aus der Gründerzeit gehört Wien und das Schloss Schönbrunn als Symbol der Habsburger-Monarchie zum UNESCO-Weltkulturerbe.

▌Worte&Wörter

1 **e Furt(en):** flache Stelle, die den Flussübergang ermöglicht.

2 **e Klage(n):** Äußerung von Schmerz, Jammer.

3 **Ars Electronica:** Festival für Technologie, Kunst und Gesellschaft.

4 **Multimediale Klangwolke:** das größte Techno-Open-Air Festival Österreichs.

4 Weißt du die Antwort?

1. Welche Stadt liegt an einem See oder an einem Fluss? Welche in den Bergen?
2. Was steht auf dem Innsbrucker Stadtwappen?
3. Was ist das Wahrzeichen von Graz?
4. Welche Informationen gibt es über die Grazer Architektur?
5. In Innsbruck erinnert .... an ....
6. In Klagenfurt gibt es ....
7. Zu Wien gehört ....
8. Zu welcher Stadt gibt es eine Sage?

UNESCO-Weltkulturerbe: Schloss Schönbrunn

Für ihre große Familie ließ Kaiserin Maria Theresia diese Sommerresidenz im Grünen außerhalb der Stadt errichten. 1814/15 tagte hier der Wiener Kongress. Nach dem Ende der Monarchie durften die Wiener die Parkanlagen des Schlosses mit dem großen Tiergarten betreten. Das ist noch heute so.

Hören und Verstehen

5 Welche Räume werden hier vorgestellt und in welcher Reihenfolge? Beschrifte die Bilder beim Hören.

b ☐ ....

c ☐ ....

a ☐ ....

d ☐ ....

g ☐ ....

e ☐ ....

f ☐ ....

Wien, nicht nur Walzerstadt

 Lesen und Verstehen

6 Was kennst du schon? Ordne zu.

1. ☐ Hier wird klassische Reitkunst trainiert.
2. ☐ Jedes Jahr spielen sie das Neujahrskonzert.
3. ☐ Eine Gemäldesammlung mit Werken von Dürer, Rubens und Raffael.
4. ☐ Ein Geschenk von Joseph II. an Wien.
5. ☐ Früher Kaiserresidenz, heute Amtssitz des Bundespräsidenten.
6. ☐ Jedes Jahr braucht man dafür 1 Million Eier, 70 Tonnen Zucker, 60 Tonnen Schokolade, 35 Tonnen Marillenmarmelade, 30 Tonnen Mehl und 25 Tonnen Butter.
7. ☐ Seine Balltradition ist weltbekannt.
8. ☐ 1498 gründete Kaiser Maximilian diesen Knabenchor.

a. das Kunsthistorische Museum
b. die Hofburg
c. der Opernball
d. der Prater
e. die Sachertorte
f. die Spanische Hofreitschule
g. die Wiener Philharmoniker
h. die Wiener Sängerknaben

Im Herzen von Wien: der Steffl und seine Glückszahlen

Auf dem Stephansplatz steht der Stephansdom, von den Wienern liebevoll *Steffl* genannt. Die Maße des Domes sind von den Zahlen drei (für die Dreifaltigkeit) und vier (Zahl des Irdischen, Himmelsrichtungen, Jahreszeiten usw.) bestimmt. Drei plus vier macht sieben; sieben hinter der drei ergibt siebenunddreißig, drei mal siebenunddreißig macht hundertelf. Nun: der Dom ist genau 111 Fuß breit und 333 Fuß lang und 444 Fuß ist der Südturm hoch. Im Nordturm, der nie fertig gebaut wurde, hängt die *Pummerin*, die größte Glocke Österreichs und zweitgrößte in Europa: Sie läutet jedes Jahr um Mitternacht das Neue Jahr ein.

Der Stephansdom ▶

▲ Das Hundertwasserhaus in der Löwengasse

Hundertwasser, viel Phantasie und eine bunte Utopie

1959 stellte der Wiener Maler, Philosoph und Architekt Friedensreich Hundertwasser in seinem *Verschimmelungsmanifest* [1] die Freiheit der Spirale der geraden Linie entgegen. Dreißig Jahre später erhielt er dank seiner avantgardistischen Kunstauffassung die Professur an der Akademie der bildenden Künste in Wien und den Österreichischen Naturschutzpreis. Danach bekam er von der Stadt Wien den Auftrag einen Gemeindebau [2] nach seinen Vorstellungen zu entwerfen.

■ Worte&Wörter

1 **e Verschimmelung:** das Phänomen, bei dem sich etwas mit einem weißen Pilz bedeckt. Hier ironisch gebraucht.

2 **r Gemeindebau(ten):** ein Haus, das der Gemeinde gehört.

Hundertwasserhaus

Ein Haus ein ungewöhnliches Haus
das nicht den üblichen Normen und Klischees
der scholastischen [1] Architektur entspricht
ein Haus von einem Maler erdacht [2] und gestaltet [3]
ein Abenteuer der modernen Zeit
eine Reise in ein unbekanntes Land
eine Reise in das Land der kreativen Architektur
die Reise in das Land wo Natur und Mensch
sich treffen in der Schöpfung [4]
ein Bericht über das erste freie Haus
ein Maler träumt von Häusern
und einer schönen Architektur
in der der Mensch frei ist
und dieser Traum wird Wirklichkeit

Friedensreich Hundertwasser (1986)

 Sprechtraining

7 Und Du?

Wie findest du das Hundertwasserhaus? Warum vergleicht deiner Meinung nach Hundertwasser sein Haus mit einem Abenteuer und einer Reise?

■ Worte&Wörter

1 **scholastisch:** (*aus dem Lat.*) zur Schule gehörig; (*hier*) engstirnig.

2 **erdenken:** erfinden.

3 **gestalten:** (*hier*) formen.

4 **e Schöpfung(en):** (*hier*) s Werk.

Eine ungewöhnliche Stadtführung: „Auf den Spuren des dritten Mannes"

Stadtführung zu den Originalschauplätzen des legendären Films *Der dritte Mann*: eine spannende, multimediale Reise mit tollen Lichteffekten und akustischen Signalen in den Wiener Untergrund. Der Film aus dem Jahr 1948 von Carol Reed nach dem gleichnamigen Roman von Graham Greene ist ein Klassiker. Die Handlung: Der amerikanische Western-Schriftsteller Holly Martin (Joseph Cotten) will seinen Freund Harry Lime (Orson Welles) im zerstörten Wien der Nachkriegszeit besuchen. Dieser hat auf dem Schwarzmarkt eine giftige Substanz als Penizillin verkauft und ist zum Mörder geworden. Als Martin in Wien ankommt, erfährt er, dass Harry gestorben ist. Ganz zufällig kommt der Amerikaner aber Harry auf die Spur: denn dieser hat seinen Tod nur inszeniert. Nach einer abenteuerlichen Flucht ins Kanalisationsnetz unter der Stadt erschießt die Polizei den Mörder.

Lesen und Verstehen

8 Weißt du die Antwort?

1. Wohin geht die Führung „Auf den Spuren des dritten Mannes"?
2. Wer sind die Hauptfiguren im Film?
3. Wie war Wien am Ende des Zweiten Weltkriegs?
4. Warum wird Harry Lime zum Mörder?

Dein Wortschatz

9 Ergänze mit den passenden Verben.

anzeigen   besuchen   machen   erhalten   erschießen   kommen

einen Freund	einen Mörder
auf die Spuren	eine Nachricht
eine Reise	einen Mörder

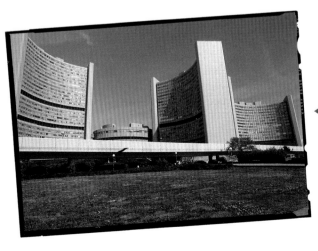

◀ Wahrzeichen des modernen Wiens ist die UNO-City, 1973-79 an der Donau erbaut.

Nichts von sich haltend und doch Patriot, bisserl servil und ein bisserl Despot, recht liberal und dabei autokratisch: Das macht die Wiener beliebt und sympathisch!

H. Weigel, *O du mein Österreich*

Urlaubsziel Österreich

Österreich ist beliebtestes Reiseziel der Österreicher W K O

Destinationen im Prozent der Reisen* insgesamt

Österreich	36,2
Italien	16,0
Kroatien	8,1
Griechenland	5,8
Türkei	5,3
Spanien	3,7
Deutschland	2,6

*Reisen mit vier oder mehr Übernachtungen
Quelle: STATISTIK AUSTRIA Dezember 2002

Urlaubsziel Österreich W K O

Zahl der Übernachtungen von Ausländern im Jahr 2002 (in Mio.)
Übernachtungen von Auslandsgästen insgesamt 85.8 Millionen

Deutschland	53.5
Niederlande	8,2
Schweiz	3,3
Großbritannien	3,2
Italien	2,8
Belgien	2,1
Frankr.	1,5
USA	1,3
Dänemark	1,0
Ungarn	0,9
Polen	0,8
Tschechische Republik	0,8

Sprechtraining

10 Ergänze mit Hilfe der beiden Grafiken.

> beliebteste   Destination
> folgen   Großteil   Inland
> stammt aus   Urlaub

Der .... der Gäste, die in Österreich .... machen, ... Deutschland. Es .... die Niederlande, die Schweiz und Großbritannien. Österreich ist selbst das .... Reiseziel der Österreicher. Ein Drittel ihrer Reisen im Jahr 2002 hatten das .... zum Ziel. Die beliebteste .... im Ausland war Italien, gefolgt von Kroatien und Griechenland.

11 Und Du?

Bist du schon einmal nach Österreich gefahren? Wenn ja, wohin und was hast du dort gemacht? Wenn nein, welches Bundesland möchtest du gern kennen lernen? Warum?

Auf gut Österreichisch: Sackerl contra Tüte!

In Österreich spricht man Deutsch, aber *Stockerl, Matura, Schweinsbraten* sind typisch österreichische Bezeichnungen. Österreich möchte seine sprachliche Identität erhalten, deshalb hat die Regierung vor dem EU-Beitritt über „sprachliche Anerkennung" verhandelt und die EU hat eine Liste von gleichberechtigten [1] Wörtern herausgegeben.

■Worte&Wörter

1 **gleichberechtigt:** mit gleichen Rechten.

2 **e Buschenschenke:** hier serviert der Wirt selbstgemachten Wein.

Auswahl österreichischer Ausdrücke	Auswahl aus der EU-Liste
1 Bim = Straßenbahn, Tram.	1 Erdapfel = Kartoffel.
2 Feber = Februar.	2 Faschiertes = Hackfleisch.
3 Grüß Gott (*auch in Bayern*) = guten Tag.	3 Fisolen = grüne Bohnen.
4 heuer = in diesem Jahr.	4 Karfiol = Blumenkohl.
5 Heuriger = diesjähriger - z.B. Wein, Kartoffeln. In Wien steht es für Buschenschenke [2].	5 Kren = Meerrettich.
	6 Marille = Aprikose.
6 Jänner (*auch in Bayern*) = Januar.	7 Obers (*auch in Bayern*) = Rahm, Sahne.
7 Knödel (*auch in Bayern*) = Kloß.	8 Paradeiser = Tomate.
8 pfüeti = tschüss.	9 Powidl = Pflaumenmus.
9 Pickerl = Autobahnvignette.	10 Ribisel = Johannisbeere.
10 Rodel = Schlitten.	11 Topfen (*auch in Bayern*) = Quark.
11 Sackerl = Tüte.	12 Weichselkirsche = Sauerkirsche.
12 Servus = Grüß dich.	

Lerneinheit IV

Des Schweizers Schweiz?

Quiz - Bist du fit in der Schweizer Geographie?

1. Wie viele Kantone hat die Schweiz?
   - a. ☐ 11
   - b. ☐ 19
   - c. ☐ 26
   - d. ☐ Keine Ahnung.
2. Wann ist die Eidgenossenschaft entstanden?
   - a. ☐ 1291
   - b. ☐ 1848
   - c. ☐ 1948
   - d. ☐ Keine Ahnung.
3. Wie groß ist der Anteil von deutschen Muttersprachlern?
   - a. ☐ 63,7 Prozent.
   - b. ☐ 56,2 Prozent.
   - c. ☐ 49,4 Prozent.
   - d. ☐ Keine Ahnung.
4. Die einzige zweisprachige Schweizer Universität ist in
   - a. ☐ Bern.
   - b. ☐ Freiburg.
   - c. ☐ Lugano.
   - d. ☐ Keine Ahnung.
5. Welche Währung hat die Schweiz?
   - a. ☐ Die Mark.
   - b. ☐ Den Euro.
   - c. ☐ Den Franken.
   - d. ☐ Keine Ahnung.
6. Wo findet jedes Jahr eine Street Parade statt?
   - a. ☐ Zürich.
   - b. ☐ Nyon.
   - c. ☐ Frauenfeld.
   - d. ☐ Keine Ahnung.
7. Wie groß ist der Anteil der Ausländer in der Wirtschaft?
   - a. ☐ 7,2 Prozent.
   - b. ☐ 12,6 Prozent.
   - c. ☐ 19,6 Prozent.
   - d. ☐ Keine Ahnung.

8. Welches ist der wichtigste Handelpartner der Schweiz?
   - a. ☐ Deutschland.
   - b. ☐ Die USA.
   - c. ☐ Italien.
   - d. ☐ Keine Ahnung.
9. Seit wann dürfen Schweizerinnen wählen?
   - a. ☐ Seit 1941.
   - b. ☐ Seit 1951.
   - c. ☐ Seit 1971.
   - d. ☐ Keine Ahnung.
10. Was bedeutet „Veloland Schweiz"?
   - a. ☐ Schweiz als Paradies für Fahrradfahrer.
   - b. ☐ Schweiz als Land der volkseigenen Lokalverwaltung.
   - c. ☐ Schweiz als Land der volkseigenen Lokalpresse.
   - d. ☐ Keine Ahnung.
11. Richard Ernst, Heinrich Rohrer und Rolf Zinkernagel sind
   - a. ☐ Pioniere der Schweizer Uhrenindustrie.
   - b. ☐ Schweizer Schriftsteller.
   - c. ☐ Nobelpreisträger.
   - d. ☐ Keine Ahnung.
12. Was ist der Röschtigraben?
   - a. ☐ Eine Speise mit Röstkartoffeln.
   - b. ☐ Eine Ortschaft.
   - c. ☐ Die deutsch-französische Sprachgrenze innerhalb der Schweiz.
   - d. ☐ Keine Ahnung.

Auswertung

Richtige Antwort: + 1 Punkt
Keine Ahnung: 0 Punkt
Falsche Antwort: - 1 Punkt

12 Punkte: Gratuliere! Du kennst die Schweiz schon sehr gut!
10 Punkte: Du weißt schon viel, kannst aber noch besser werden.
8 Punkte: Du hast noch etwas zu lernen.
6 Punkte: Du brauchst noch weitere Informationen. Hier findest du sie.

☐ Sankt Gallen

☐ Luzern

☐ Freiburg

Schweizer Steckbriefe

1 Wo ist was? Schreibe zu jedem Foto die Nummer des deutschsprachigen Kantons. Benutze auch den Lesetext auf Seite 103.

Schaffhausen 7
3 Basel
Jura
1 Aargau
12 Zürich
Thurgau
10 Solothurn
2 Appenzell
9 Sankt Gallen
6 Luzern
11 Zug
8 Schwyz
Glarus
Neuchâtel
4 Bern
Unterwalden
5 Freiburg/ Fribourg
Uri
Graubünden
Vaud
Genève
Ticino
Valais

☐ Bern

☐ Schwyz

☐ Basel

☐ Zug

☐ Schaffhausen

☐ Solothurn

☐ Zürich

☐ Altdorf

☐ Aarau

Aarau ist der Hauptort des Kantons **Aargau**. „Wiese an der Aare" bedeutet der Name der Stadt, die auch als „Stadt der schönen Giebel" berühmt ist. Albert Einstein besuchte hier das älteste Gymnasium der Schweiz.

Das romantische **Altdorf** liegt im Halbkanton **Appenzell-Ausserhoden**, nicht weit entfernt von den historischen Schauplätzen von Schillers Drama „Wilhelm Tell" nach dem Schweizer Sagenheld.

Basel, die drittgrößte Stadt der Schweiz ist Hauptstadt des Halbkantons **Basel**. Hier steht die älteste Universität der Schweiz und hier wurden die ersten Bücher gedruckt. Die weltoffene Stadt am Dreiländereck Schweiz, Deutschland, Frankreich ist eine traditionsreiche Kultur-, Bildungs- und Wirtschaftsmetropole sowie Zentrum der Schweizer Chemie- und Pharmaindustrie und auch berühmt für ihren Karneval.

Seit 1848 Landeshauptstadt und Regierungssitz der Schweiz stellt **Bern** (Kanton **Bern**) für die Schweizer die Kraft, den Mut und die Ausdauer der Eidgenossenschaft dar. In einer handgeschriebenen Chronik der Stadtbibliothek werden die Staatsklugheit und das Maß der Berner Regierung mit den Worten „Mäßiges hat Bestand" gelobt. Wie Berlin hat Bern einen Bären im Wappenzeichen und im Bärengraben lebt sogar ein echter Bär. Die Altstadt von Bern wurde 1983 zum UNESCO-Weltkulturerbe erklärt.

Der Fluss Saare bildet die Sprachgrenze im deutsch-französischen **Freiburg** als Hauptstadt des Kantons **Freiburg/Fribourg**. Die unterschiedliche Lebensart der deutschen und französischen Kultur bedeutet eine interkulturelle Brückenfunktion für Freiburgs Universität. Sie ist ein bedeutendes Zentrum für mehrsprachige Bildung und Kultur in Europa.

Luzern, die Hauptstadt des Kantons **Luzern**, war vor der Erschließung des Gotthards (12. Jh.) ein kleiner Fischerort am Vierwaldstättersee. Sein Wahrzeichen ist die hölzerne Kappelbrücke. Zu Ehren Richard Wagners, der hier den „Siegfried" komponierte, finden seit 1938 jährlich die Musikfestwochen statt.

Über der mittelalterlichen Altstadt von **Schaffhausen**, der Hauptstadt des Kantons **Schaffhausen**, thront die Festung „Munot" als Stadtwahrzeichen. Die Altstadthäuser sind mit Erkern und kostbaren Fassadenmalereien verziert. In unmittelbarer Nähe rauscht der Rheinfall.

In die Gegend von **Schwyz**, Hauptstadt des Kantons **Schwyz**, kamen der Sage nach zwei alemannische Brüder namens Suit und Sven. Der stärkere Suit gründete das Dorf Schwyz. Die ganze Schweiz übernahm später Namen und Fahne dieses Kantons.

Der irische Heilige St. Gallus gründete um das Jahr 612 ein Kloster in der Ostschweiz namens **Sankt Gallen**. Hier erlebte vom 9. bis zum 11. Jh. die europäische Buchmalerei ihren Höhepunkt. In der Altstadt von Sankt Gallen, der Hauptstadt des Kantons **Sankt Gallen**, findet man an den Fassaden der Bürgerhäuser Figuren mit herausgestreckter Zunge. Die Besitzer wollten damit den Nachbarn nicht nur Reichtum, sondern auch die Zunge zeigen.

In **Solothurn**, der schönsten Barockstadt der Schweiz und Hauptstadt des Kantons **Solothurn**, ist die Zahl 11 von besonderer Bedeutung, denn als 11. Kanton trat Solothurn 1481 der Eidgenossenschaft bei. Kein Wunder also, wenn es hier elf Kirchen und Kapellen, elf historische Brunnen und elf Türme gibt, und dass die St. Ursen-Kathedrale elf Altäre und elf Glocken zählt. Die lokale Brauerei Öufi (Schweizerdeutsch für Elf) vermarktet das Öufi-Bier. Elf mal Prost!

Zug, die mittelalterliche Hauptstadt vom Kanton **Zug**, liegt am Zugersee und gehört zu den ersten Städten der Schweiz, die vom Europarat ausgezeichnet wurden, und zwar für die Unterstützung, die 1946 bis 1948 die Not leidende österreichische Stadt Fürstenfeld (Oststeiermark) bei den Zugern fand. Sehenswert ist der Zytturm (Zyt=Zeit) am Rathaus.

Zürich an der Limmat im Kanton **Zürich** ist die größte Stadt der Schweiz. Die Börse und der Goldhandel machen Zürich zum bedeutendsten Wirtschaftszentrum der Eidgenossenschaft. Die Bahnhofstraße ist eine der vornehmsten Einkaufsstraßen Europas. Weniger vornehm ging es bis vor wenigen Jahren in dem Stadtviertel zu, wo sich die größte offene Drogenszene der Welt abspielte. Heute organisieren Jugendliche in Zürich wie in Berlin oder London Raves und Techno-Partys.

UNESCO-Weltkulturebe

1. Kaiser Karl dem Großen verdankt das **Benediktinerkloster Müstair** an der Grenze zu Südtirol/Graubünden seine Existenz. In dem UNESCO-Weltkulturerbe ist der größte religiöse Freskenzyklus des Mittelalters erhalten.

2. Zum UNESCO-Naturwelterbe **Jungfrau-Aletsch-Bietschhorn** mit einer Gesamtfläche von 539 Quadratkilometern im Grenzgebiet der Kantone Bern und Wallis gehören die berühmtesten Berge der Schweiz: der Eiger, der Mönch, die Jungfrau, das Bietschhorn und der Aletschgletscher.

3. Im UNESCO-Biosphärenreservat **Entlebuch** befinden sich weite, naturintakte Wälder, wo sich bedrohte Tierarten wie der Uhu, das Auerhuhn, der Steinadler und der Luchs zurückziehen können. Hier überdauern sogar einige alpine Pflanzenarten aus der Eiszeit. In diesem seltenen Biotop werden Modell-Projekte zur Erhaltung der Natur- und Kulturlandschaft experimentiert.

4. Bern wurde auf einer Halbinsel des Flusses Aare errichtet. Diese natürliche Begrenzung auf drei Seiten verhinderte im Laufe der Jahrhunderte jede Entwicklung und Änderung des Stadtkerns. Die gut erhaltene mittelalterliche Altstadt gehört schon seit über 20 Jahren zum UNESCO-Weltkulturerbe.

Lesen und Verstehen

2 Weißt du die Antwort? Siehe auch Text S. 103.

1. Wer besuchte das Gymnasium in Aarau?
2. Was haben Berlin und Bern gemeinsam?
3. Was machte Freiburg zum bedeutenden Zentrum für mehrsprachige Bildung und Kultur in Europa?
4. Was ist das Wahrzeichen von Luzern?
5. Von welcher Stadt übernahm die Eidgenossenschaft den Namen und die Fahne?
6. Warum ist die Zahl 11 für Solothurn wichtig?
7. Was ist der Zuger Zytturm?
8. Was hat Zürich zum viertgrößten Weltfinanzplatz und bedeutendsten Wirtschaftszentrum der Eidgenossenschaft gemacht?
9. Was kann man im UNESCO-Weltkulturerbe Benediktinerkloster Müstair sehen?
10. Was wird im UNESCO-Biosphärenreservat Entlebuch experimentiert?

Zürich - fast gratis

Zürich, wegen seiner hohen Lebensqualität in Umfragen schon mehrmals weltweit auf Platz eins, ist auch eine der teuersten Städte der Welt.

Klar, dass junge Menschen sich Teures aus den berühmten Modeateliers, Uhrengeschäften und Feinschmeckerläden an der Bahnhofstraße kaum leisten können. Und doch ist es vor allem im Sommer möglich, mit den richtigen Tipps und Tricks Spaß zu haben, ohne den Geldbeutel zu strapazieren.

Gratis baden und Sonne tanken kann man mitten in der Stadt an der sauberen Limmat. Sportfans können Tag und Nacht von einer der Limmat-Brücken akrobatischen

Spaßzeit in ▲ Zürich

Sprüngen zusehen oder selbst ins kühle Nass springen. Fährt man den Fluss weiter entlang auf einem Leihfahrrad, das es gratis gibt, erreicht man das Zürichhorn, eine große Parkanlage direkt am Zürichsee. Zum Null-Tarif gibt es auch die Schweizer Beachvolley-Meisterschaften, die in der großen Halle des Hauptbahnhofs stattfinden. Nur einen Franken kostet die Polybahn, eine kleine Zahnradbahn, die von der Stadt hoch zum Studenten-Café „bQm" führt. Ein beliebter Treffpunkt zum Plaudern, Schach- und Boulespielen. Und zu Minipreisen hat man einen tollen Blick auf den See und die Alpen, sowie auf die alten Häuserfassaden der Altstadt und das Großmünster mit den berühmten Chagall-Glasfenstern.

Akrobatik an der Limmat ▼

Wenn es Zeit ist, „Uf d Szene z gaa"(auf die Szene zu gehen, Partys zu feiern), bietet das alternative Kulturzentrum „Rote Fabrik" Musik- und Tanzveranstaltungen, Kino, Theater, Ausstellungen, preisgünstige Gastronomie und vieles mehr. Ist das Geld doch alle, darf man abends in einigen Schwimmbädern Mitgebrachtes frei grillen und auf Liegestühlen, orientalischen Teppichen und Kissen singen, Gitarre spielen oder die ganze Nacht flirten.

Vorhang auf!

3 Rollenspiel. Redemittel siehe Seite 87.
Drei Tage in Zürich. Plane mit einem Partner euer Programm.

Dein Wortschatz

4 Redewendungen und Sprichwörter zum Thema *Geld*. Ordne zu.

Deutsch 1	Deutsch 2	Deine Sprache
1. ☐ Geld wie Heu haben	a. etwas 100% ablehnen	....
2. ☐ das Geld zum Fenster hinauswerfen	b. kein Interesse an Geld haben	....
3. ☐ etwas nicht für Geld und gute Worte tun	c. Geld gibt Macht	....
4. ☐ auf seinem Geld sitzen	d. Geld ist immer willkommen	....
5. ☐ nicht auf Geld stehen	e. Geld unnötig ausgeben	....
6. ☐ Geld regiert die Welt	f. sehr reich sein	....
7. ☐ Geld stinkt nicht	g. geizig sein	....

Die Schweiz zwischen gestern und heute

Tell, bitte melden!

Blick von der Rütliwiese auf ▲
den Vierwaldstättersee

Als 2004 der 200. Jahrestag der Uraufführung [1] des Dramas „Wilhelm Tell" von Friedrich Schiller gefeiert wurde, lebte der Mythos Tell in der Eidgenossenschaft als Symbolfigur für Freiheit und Unabhängigkeit wieder auf. Der Legende nach stammte Tell aus dem Kanton Uri und war ein ausgezeichneter Schütze [2]. Der Nationalheld gehört aber eher dem Reich der Sagen an und erfüllt vor allem eine symbolische Aufgabe: er steht für die alten Eidgenossen und ein Volk, das Herrschaft anerkennt, sich aber mit aller Kraft gegen jede Tyrannei auflehnt [3].

▌Worte&Wörter

1 **e Uraufführung:** wenn ein Theater- oder ein Musikstück zum ersten Mal gespielt wird.

2 **r Schütze(n):** jmd, der mit einer Waffe auf etwas zielt.

3 **sich auflehnen:** rebellieren.

 Recherche

5 Wilhelm Tells Geschichte. Sammle Informationen in Geschichtsbüchern oder aus dem Internet.

Die Schweiz und die EU

Von 1920 bis 1946 hatte der Völkerbund als UNO-Vorgänger, seinen Sitz in Genf. Am 10. September 2002 ist die Schweiz den Vereinten Nationen beigetreten. Aber schon vorher hatte sie an vielen Programmen und mehreren Organisationen der Vereinten Nationen teilgenommen, wie zum Beispiel an dem Kinderhilfswerk (UNICEF) und an der Weltgesundheitsorganisation (WHO), die mit vielen andere UNO-Organisationen ihren Sitz in der Schweiz haben. Aus diesem Grund hofften 2004 viele junge Schweizer und Schweizerinnen auch

Unser Patriotismus kennt keine Grenzen.

SP
klar.sozial

auf den Beitritt zur EU. Doch die Schweiz sagte nach der ersten negativen Volksbefragung vom März 2001 zum zweiten Mal Nein zu Europa.

Die Grafik des „Europa-Barometer Schweiz" zeigt die Meinung der Schweizer und Schweizerinnen zu der EU. Von einem Beitritt versprechen sich viele Bürger Freiheit und Unabhängigkeit sowie ökonomische und wirtschaftliche Vorteile. Ein Nicht-Beitritt bedeutet für sie Isolation der Schweiz in Europa.

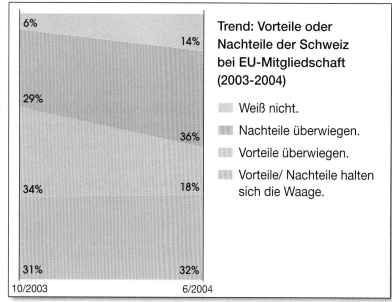

Trend: Vorteile oder Nachteile der Schweiz bei EU-Mitgliedschaft (2003-2004)

- Weiß nicht.
- Nachteile überwiegen.
- Vorteile überwiegen.
- Vorteile/ Nachteile halten sich die Waage.

Lesen und Verstehen

6 Ergänze die Sätze mit den Wörtern aus der Liste.

abnehmen   mehr Vorteile als Nachteile   keine Ahnung   zunehmen

1. 36 Prozent der Interviewten sehen ....   **2.** Die Angst vor Nachteilen ....
3. Die Hoffnung auf Vorteile ....   **4.** Von 2003 bis 2004 verdoppelt sich die Zahl der Schweizer, die von Vorteilen und Nachteilen einer EU-Mitgliedschaft .... haben.

Die patente Nation

Immer schon waren die Schweizer erfinderisch. Manche behaupten, das hängt von den Bergen ab, die hier überall im Weg stehen: so mussten die Menschen sie durchbohren [1] und wurden zu Tunnelbauern, Statikern, Ingenieuren. Es liegt an den fehlenden Bodenschätzen, meinen andere, und an der Tatsache, dass es auch kein Meer gibt, um Handel zu treiben. Also gingen die Schweizer in ihre Bastelkeller [2] und erfanden nach und nach das Taschenmesser, das Bankgeheimnis [3], die bewaffnete Neutralität, das Raster-Tunnel-Mikroskop [4], die Löcher im Käse, den Gemüse-Sparschäler [5] und die Schraubensortiermaschine. Aus der Schweiz kommt auch die geniale erste Computer-Maus, die ursprüngliche Swiss Mouse. Im Labor des Basler Chemikers Albert Hofmann entstand 1938 das Lysergsäurediethylamid, kurz LSD, die Psychodroge der Hippie-Generation. Ein Schweizer Informatiker erfand Ende der sechziger Jahre die Programmiersprache Pascal, die heute am weitesten verbreitete Computersprache. Weitere Erfindungen *Made in Swiss* aus dem 20. Jahrhundert: das Cellophan (1908), die Aluminiumfolie (1912), der Telephonbeantworter (1936), die elektronische Armbanduhr (1959), die elektrische Zahnbürste (1960), die Quarz-Armbanduhr (1967), der Arbeitsplatz-Rechner „Lilith" (1980) und der Supercomputer „GigaBooster" (1995).

▌Worte&Wörter

1 **durchbohren:** ein Loch machen.

2 **r Bastelkeller(-):** Kammer, wo man handwerkliche Arbeiten macht.

3 **s Bankgeheimnis(se):** die Bank gibt Dritten keine Informationen weiter.

4 **s Raster-Tunnel-Mikroskop(e):** spezielles elektronisches Mikroskop.

5 **r Gemüse-Sparschäler(-):** Schale von z.B. Kartoffeln wird sehr dünn geschält.

Dein Wortschatz

7 Ergänze. Die Schweizer erfanden...

1. ...., um es immer bei sich zu tragen.
2. ...., um ihre Ersparnisse geheim zu halten.
3. ...., um sich wehren zu können, ohne Kriege zu erklären.
4. ...., um am Computerbildschirm schneller arbeiten zu können.
5. ...., um die Schrauben nicht per Hand sortieren zu müssen.
6. ...., um Anrufe immer beantworten zu können.
7. ...., um Zähne sorgfältiger putzen zu können.

Sprachenbabel Schweiz...

Die Schweiz ist ein Paradebeispiel für Mehrsprachigkeit, denn sie hat deutschsprachige, französischsprachige und einen italienischsprachigen Kanton. Außerdem existieren drei Kantone, in denen man gleichzeitig Deutsch und Französisch spricht, und ein Kanton, wo es dreisprachig zugeht: Deutsch, Italienisch und Rätoromanisch. Mit der Industrialisierung musste die Schweiz Arbeitskräfte aus dem Ausland holen. Diese brachten die unterschiedlichsten Kulturen und Sprachen mit.

Sprechtraining

8 Und Du?

Was ist deine Erfahrung mit Mehrsprachigkeit? Diskutiere folgende Fragen in deiner Klasse.

1. Spricht man auch in deinem Land, in deiner Stadt, in deiner Familie unterschiedliche Sprachen? Wenn ja, welche?
2. Welches sind deiner Meinung nach die Vorteile und Nachteile der Mehrsprachigkeit?
3. Gibt es Sprachgrenzen in deinem Land? Wo und zwischen welchen Sprachen?
4. Gibt es mehrsprachige Schulen oder Universitäten, mehrsprachige Sendungen im Fernsehen und im Radio, mehrsprachige Presse in deinem Land?

...und Schwyzerdütsch in 5 Tagen

1. Tag: frage nach jedem Satz **odr**? Das gilt auch für Aussagesätze wie **Mir ist kalt, odr?**

2. Tag: sprich das **ch** nach einem **i** oder **e**, z.B. in **ich** oder **echt**, im Rachen wie im Wort **acht**.

3. Tag: bilde die Verkleinerungsform mit **-li**, statt mit **-chen**, (Blümli statt Blümchen) und sage davor nur **'s**, ein Brötchen heißt also **'s Brötli**.

4. Tag: betone zweisilbige Wörter immer nur auf der ersten Silbe. **Bü**ro, **Res**sort, **Fon**due.

5. Tag: Sage **öppis** statt etwas, **lädele** statt einkaufen gehen, **Puff** statt Durcheinander und **chrampfe** statt arbeiten, **Velo** statt Fahrrad und lerne dann fleißig weiter.

Hören und Verstehen

9 Ein Schweizer aus dem 21. Jahrhundert. Lies die Fragen vor dem Hören und höre den Dialog zweimal.

1. Was macht Martin in Zürich?
2. In welcher Branche will er in Zukunft arbeiten?
3. Was ist in der Uhrmacherkunst wichtig?
4. Welcher ist Martins Lieblingssport und für welche andere Sportarten interessiert er sich?
5. Wer ist Karin Jaggi?
6. In welcher Sportart ist Martina Hingis Spitzensportlerin?

Lerneinheit V

Minoritäten auf ganz eigene Art: Liechtenstein und Südtirol

Liechtenstein: Klein, aber fein

Zwischen Österreich und der Schweiz eingebettet, trat das Fürstentum Vaduz 1815 dem Deutschen Bund bei und wurde 1866 mit dessen Auflösung zum unabhängigen neutralen Staat. Nach dem Ersten Weltkrieg endete die starke Bindung an Österreich und Liechtenstein übernahm das Post-, Währungs- und Zollsystem der Schweiz. Knapp über sechzig Polizisten und keinen einzigen Soldaten hat das Miniatur-Land mit einer Fläche von 160 qkm und 33145 Einwohnern. Das Fürstentum ist Mitglied von mehreren internationalen Organisationen, wie z.B. der UNO und des EWR. Die Industriebetriebe des Landes haben sich vor allem auf High-Tech-Produkte spezialisiert. In der kleinen Hauptstadt Vaduz gibt es eine große Zahl an Banken und teuren Geschäften. Kein Wunder. Noch ist das Bankgeheimnis hier garantiert. In Schloss Vaduz, Liechtensteins Wahrzeichen, residiert seit 1938 die fürstliche Familie.

Lesen und Verstehen

1 Weißt du die Antwort?

1. An welche Länder grenzt Liechtenstein und zu welchem Nachbarland hat es heute ein enges Verhältnis?
2. Ist es neutral? Wenn ja, seit wann?
3. Was ist die Liechtensteiner Währung?

▲ Schloss Vaduz

▲ Traditionsbewusst: die Liechtensteiner Fürstenfamilie

Mit Goethe durch Vaduz

1788 machte Johann Wolfgang von Goethe auf der Rückfahrt von seiner italienischen Reise im Hauptort Liechtensteins Rast. Im dritten Millennium kommt das Universalgenie wieder nach Vaduz. Eine kompetente Hostess begleitet den berühmten Gast auf einem virtuellen Rundgang durch die heutige Stadt.

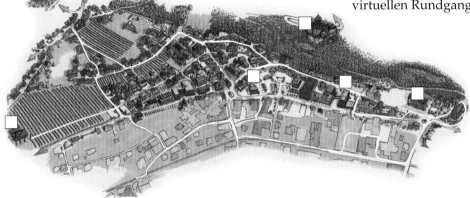

5. Briefmarkenmuseum

1. Rathaus

2. Hofkellerei

3. Schloss

4. Regierungsgebäude

1
16 **Hören und Verstehen**

2 Finde die Etappen des Rundgangs auf dem Stadtplan und nummeriere sie.

3 Höre den Dialog noch einmal und ergänze den Namen des Gebäudes.

a. Das Fresko an seinem Balkon stellt den Patron der Weinbauern dar: ....

b. Da findet man tolle Raritäten und historische Dokumente: ....

c. Die Liechtensteiner nennen es das „Große Haus": ....

d. Wenn der Fürst hier anwesend ist, hängt die Fahne am Mast: ....

e. Alles was da drin ist, trinken die Liechtensteiner fast selbst: ....

Zwergenaufstand in der Puppenstube: der Liechtensteiner Fußball kommt bestimmt

Sensationell: Bei den WM-Qualifikationsspielen spielt Liechtenstein 2:2 gegen Portugal und 4:0 gegen Luxemburg. Die Nationalmannschaft gibt es erst seit 1993. Aufgebaut „unten beim Nachwuchs" wurden unter der Leitung des früheren deutschen Nationaltrainers zwölfjährige Kids. Einer davon hatte keine Lust auf Schule und interessierte sich nur für Computerspiele. Sein Name: Peter Wehle, (22), heute Torwart in der Liechtensteiner Nationalmannschaft und Spieler bei Grashopper Zürich. Fußball macht in Liechtenstein Schule. In zehn Jahren ist die Zahl der Freizeitfußballer von 300 auf 1700 gestiegen. Ob Liechtenstein bei der WM 2006 dabei sein wird? Wir sind gespannt.

Jung und ehrgeizig: die Liechtensteiner Fußballnationalmannschaft ▶

Südtirol–Alto Adige: Ein Unikum in Europa

▲ Eine Südtirolerin im EU-Parlament

Nordtirol und Osttirol bilden zusammen ein österreichisches Bundesland, während das südwestliche Südtirol-Alto Adige seit 1919 eine italienische Provinz ist. Die Grenze liegt am Brennerpass, über den die römischen Heere und Händler nach Norden und die deutschen mittelalterlichen Kaiser nach Rom zogen. Das Land verdankt seinen Namen Schloss Tirol bei Meran/Merano. Auf Schloss Runkelstein in der Hauptstadt Bozen/Bolzano erforschen Studenten aus ganz Europa Geschichte. Heute ist Südtirol, das Land der „Ritter und Burgen", ein weltberühmtes zweisprachiges Tourismuszentrum. Die Zweitsprache erlernen Jugendliche in der Schule, was nicht nur in der Heimat eine bessere Chance für ihren Beruf bedeutet. Perfekt zweisprachig aufgewachsen und heute polyglott ist die Südtirolerin Lilli Gruber, eine beliebte italienische Fernsehjournalistin. Seit Juni 2004 Europaparlamentarierin, fördert sie den „Dialog zwischen Kulturen".

Ein Mann der Extreme: Reinhold Messner

 Hören und Verstehen

4 Höre den Text zweimal. Finde dabei die richtige Reihenfolge.

a. ☐ Der berühmte Südtiroler Bergsteiger will alle Bergregionen in Europa und die bedrohten Berglandschaften und -völker auf der ganzen Welt schützen.

b. ☐ Den Sinn des Lebens findet er in sich selbst.

c. ☐ Er hat als Kleinkind Bergsteigen und Klettern gelernt.

d. ☐ Misserfolge helfen, im Leben weiterzukommen.

▲ Der Südtiroler Extrembergsteiger Reinhold Messner

Ein Mann aus dem Eis: Ötzi

Am 21. September 1991 fand ein deutsches Ehepaar an einem Gletscher im italienisch-österreichischen Grenzgebiet der Ötztaler Alpen eine mumifizierte Leiche[1]. Später stellten Wissenschaftler fest, dass der Tote aus dem Eis die älteste Mumie der Welt ist. Es handelte sich nämlich um einen prähistorischen

Jäger mit verschiedenen Waffen. An den Füßen hatte er lederne, mit Stroh gefütterte Schuhe. Medizinern und Mikrobiologen, Anthropologen und Archäologen lieferte die Mumie wertvolle Informationen über das Alltagsleben der Menschen in der Jungsteinzeit[2]. Nach jahrelangen wissenschaftlichen Untersuchungen wurde „Ötzi, der Mann aus dem Eis" im Bozener Archäologiemuseum untergebracht[3]. Der Finder von Ötzi, Hans Simon, kämpfte vergeblich um einen Finderlohn. Er stürzte bei einer Bergwanderung im Oktober 2004 in Österreich tödlich ab. War das etwa der Fluch der Mumie?

 Hören und Verstehen

5 Mit Ötzi im Museum. Lies die Fragen vor dem Hören und höre den Dialog zweimal.

1. Ist der Mann aus dem Eis nur in Europa bekannt? 2. Wie wurde und wird Ötzi der Welt vorgestellt? 3. Wozu strengen sich Physiker und Kältetechniker aus der ganzen Welt an? 4. Wie ist Ötzi gestorben?

Worte&Wörter

1 **e Leiche(n):** r Tote.
2 **e Jungsteinzeit:** das Neolithikum.
3 **unterbringen:** eine Unterkunft geben.

Kultur

DEUTSCHE SPRACHE UND KULTUR

Ja, drei Länder, aber eine Sprache und eine Kultur: Kultur durch Sprache.

DEUTSCH AM MEISTEN IN DER EU GESPROCHEN

Unter den rund 5000 Sprachen dieser Welt ist Deutsch nach wie vor eine der „größten". Etwa 90 Millionen Menschen sprechen Deutsch als Muttersprache, 24 Prozent der EU-Bürger sind deutschsprachig. Damit ist Deutsch die meist gesprochene Muttersprache in der EU. Im Jahr 2003 beherrschten weitere 50 Millionen Europäer die Sprache gut, 20 Millionen lernten sie als Fremdsprache.

Top Ten der Deutschlerner	(Stand 2004)
Russische Föderation	4 657 000
Polen	2 202 000
Frankreich	1 603 813
Ukraine	1 235 647
Usbekistan	855 900
Tschechien	799 071
Ungarn	629 742
Kasachstan	628 874
Niederlande	591 190
USA	551 274

Warum lernen so viele Menschen Deutsch?

Weil Deutschland das Land der Dichter und Denker ist, Österreich das Land der Komponisten und der Maler, die Schweiz das Land der Banken und der Feinmechanik. Und weil man in Südtirol so schöne Ferien verbringen kann.

Goethe-Institut und Co.

Jedes deutsprachiges Land sorgt für die Verbreitung der deutschen Sprache und Kultur. Das Goethe-Institut ist seit über 50 Jahren an 144 Orten im In- und Ausland *das* Kultur-Institut der Bundesrepublik Deutschland. Es fördert die Kenntnis der deutschen Sprache und pflegt die internationale kulturelle Zusammenarbeit. Das österreichische Kulturinstitut unterstützt den kulturellen und wissenschaftlichen Austausch mit dem Ziel, eine möglichst breite Öffentlichkeit mit österreichspezifischen Themen zu erreichen. Für die kulturelle Darstellung der Schweiz im Ausland ist die Stiftung Pro Helvetia zuständig. Sie will eine kulturell vielseitige, zeitgenössische und offene Schweiz darstellen.

Lerneinheit 1

Unser Kulturtrip fängt in Straßburg an. Hier begann der Sturm und Drang.

Das Land der Dichter und Denker: 15 Etappen mit Textproben

Herr Mayer, stimmt es, dass die Stürmer und Dränger alle jung waren?

Ja, und als sie älter wurden, endete auch diese Bewegung. Ich glaube, jede Generation erlebt in ihrer Jugend eine Sturm und Drang-Zeit.

1. Etappe Straßburg

Goethe und Schiller: In der Jugendzeit Stürmer und Dränger, im Reifealter Klassiker

Hören und Verstehen

1 Was ist richtig?

1. ☐ Der Sturm und Drang dauerte nur wenige Jahre.
2. ☐ Die Stürmer und Dränger waren keine Revolutionäre.
3. ☐ Die Vertreter dieser Bewegung waren alle sehr jung.
4. ☐ Gefühle waren nicht wichtig.
5. ☐ Es gab nur ein Zentrum des Sturm und Drangs.
6. ☐ Die Freiheit war das Wichtigste.
7. ☐ Prometheus ist typisch für diese Bewegung.
8. ☐ Das Drama „Die Räuber" machte Schiller schnell bekannt.

Goethe und Schiller in Weimar ▲

Johann Wolfgang v. Goethe (1749 Frankfurt a. M.–1832 Weimar)

Prometheus

(Erste Strophe)

Bedecke deinen Himmel, Zeus,
Mit Wolkendunst!¹
Und übe, Knaben gleich,
Der Desteln² köpft,
An Eichen dich und Bergeshöhn!³
Musst mir meine Erde
Doch lassen stehn,
Und meine Hütte,
Die du nicht gebaut,
Und meinen Herd⁴,
Um dessen Glut⁵
Du mich beneidest.

(Letzte Strophe)

Hier sitz' ich, forme Menschen
Nach meinem Bilde,
Ein Geschlecht, das mir gleich, sei,
Zu leiden, zu weinen,
Zu geniessen und zu freuen sich
Und dein nicht zu achten,
Wie ich!

■Worte&Wörter

1 **r Wolkendunst:** leichter Nebel.

2 **e Destel** *(heute)* **Distel(n):** Pflanze, deren Blätter kleine Stacheln haben.

3 **Bergeshöhn(Pl.):** die Höhe eines Berges.

4 **r Herd(e):** Gerät in der Küche zum Kochen.

5 **e Glut:** rote Masse, die übrig bleibt, wenn Holz oder Kohle verbrennt.

Prometheus, an den Felse gefesselt, Gemälde der italienisch-flämischen
◄ Schule aus dem 16. Jh

Lesen und Verstehen

2 Wir interpretieren.

Erste Strophe

1. Verbform: Der Dichter redet Zeus im Imperativ an (*bedecke – übe*). Wann gebraucht man den Imperativ? Um zu bitten oder um zu befehlen? Was kann der Gebrauch dieser Verbform bedeuten?

2. Possessiva: Was wird vom Dichter für Zeus anerkannt (*dein*) und was nimmt er für sich selber/ Prometheus in Anspruch (*mein*)?
   Zeus: ....
   Prometheus: ....
   Was kann der Gebrauch dieser Possessiva bedeuten? ....

3. Der Dichter meint, Zeus beneide Prometheus um seinen Herd und um dessen Glut. Was kann das bedeuten?
   ☐ Prometheus ist stolz auf sein eigenes Werk.
   ☐ Prometheus braucht die Hilfe von Zeus nicht.
   ☐ Zeus möchte so leben wie Prometheus.

Letzte Strophe

1. Prometheus meint, hier auf der Erde forme er Menschen nach seinem Bilde. Was kann das bedeuten?
   ☐ Die Menschen sind selbst verantwortlich für ihr Leben.
   ☐ Die Menschen brauchen Zeus nicht.
   ☐ Die Menschen erwarten sich nichts von Zeus.

2. leiden   weinen   genießen   sich freuen
   Sind das die ewigen menschlichen Gefühle oder fehlt deiner Meinung nach noch etwas?

3.   Freude   Stolz   Verzweiflung
       Mut   Herausforderung
     Provokation   Angst   Trotz
   Welche Gefühle dominieren in diesem Gedicht?

4. Kannst du deine Entscheidung /deine Wahl begründen?

Sprechtraining

3 Und Du?

Prometheus meint, die Menschen brauchen Zeus nicht mehr zu achten. Was meinst du, brauchen Menschen die Götter, d.h. die Religion, oder nicht? Welche Rolle spielt die Religion in deinem Land, in deiner eigenen Familie, in deinem Leben?

▲ Das Weimarer Schlossmuseum

FAUST
Die Rockoper

Goethe goes Rock'n Roll

Mein schönes Fräulein, darf ich wagen, Meinen Arm und Geleit Ihr anzutragen?

Er liebt mich- Liebt mich nicht.

„Faust", inszeniert als Rockoper. Die Songs halten sich in Text und Handlung getreu an Goethes ◀ berühmtes Werk

Die deutsche Klassik

Hören und Verstehen

4 Was ist richtig?

1. ☐ Klassik bedeutet Vollendung.
2. ☐ Der klassische Mensch hat eine schöne Seele und ist deswegen Gott ähnlich.
3. ☐ Goethe hatte kein Interesse an Philosophie und Ethik.
4. ☐ In seiner Jugendzeit hat Goethe in Weimar studiert.
5. ☐ Schiller interessierte sich für Theologie.
6. ☐ Schillers Hauptthemen sind Idee und Wirklichkeit.
7. ☐ In den Reifejahren hat Schiller die Ideale von Freiheit und Gerechtigkeit nicht mehr behandelt.

...ei Seelen ...hnen, ach, in ...einer Brust...

Hab nun, ach! Philosophie, Juristerei und Medizin, Und leider auch Theologie Durchaus studiert, mit heißem Bemühn, Da steh' ich nun, ich armer Tor, Und bin so klug als wie zuvor!

Das hat nun heute keine Ruh. Es geht zum neuen Tanz; nun komm! wir greifen zu.

Werd' ich zum Augenblicke sagen: Verweile doch! du bist so schön !

Wer immer strebend sich bemüht, Den können wir erlösen.

Ich bin zu alt, um nur zu spielen, zu jung, um ohne Wunsch zu sein.

Grau, teurer Freund, ist alle Theorie, Und grün des Lebens goldener Baum.

Meine Mutter habe ich umgebracht. Sie schlief, damit wir uns freuten. Es waren glückliche Zeiten.

4. Etappe
Lubowitz

Die deutsche Romantik

1
21 **Hören und Verstehen**

5 Was ist richtig?

1. ☐ Die Romantiker hatten eine starke Naturverbundenheit.

2. ☐ Die Sehnsucht war dem romantischen Geist fremd.

3. ☐ Eine typisch romantische Landschaft erlebt man am Rhein.

4. ☐ Es gibt keinen Zusammenhang zwischen Sturm und Drang und Romantik.

5. ☐ Die Romantik war auf die Literatur beschränkt.

6. ☐ Die Romantik war in ganz Europa verbreitet.

7. ☐ Die romantische Ironie charakterisiert die Poesie Heines.

8. ☐ Die Gebrüder Grimm haben die bekanntesten deutschen Märchen gesammelt.

Joseph Freiherr von Eichendorff
(1788 Schloss Lubowitz/Oberschlesien-1857 Neiße)

Mondnacht

Es war als hätte der Himmel
Die Erde still geküßt,
Dass sie im Blütenschimmer[1]
Von ihm nur träumen müßt.

Die Luft ging durch die Felder,
Die Ähren[2] wogten[3] sacht[4],
Es rauschten leis die Wälder,
So sternklar war die Nacht.

Und meine Seele spannte[5]
Weit ihre Flügel aus,
Flog durch die stillen Lande,
Als flöge sie nach Haus.

▲ **C. D. Friedrich**, *Zwei Männer in Betrachtung des Mondes* (1819)

Worte&Wörter

1 **r Blütenschimmer:** schwaches Licht von den Blüten.

2 **e Ähre(n):** oberster Teil des Getreides.

3 **wiegen** (*Präteritum:* **wogen**): sich bewegen.

4 **sacht:** langsam und vorsichtig.

5 **ausspannen:** (*hier*) sich befreien.

Lesen und Verstehen

6 Weißt du die Antwort?

Welche Strophe bezieht sich auf den Kosmos, welche auf die Natur, welche auf die Psyche?

Strophe 1: ....

Strophe 2: ....

Strophe 3: ....

Strophe 1 und 2: Welche Worte deuten auf die Natur hin?

....

Strophe 1 und 2: Welche Worte beschreiben die Beziehung zwischen Erde und Himmel?

....

Strophe 3: Wie reagiert die Seele auf diese Mondnacht? ....

Strophe 3: Wo ist das Zu Hause der Seele?

....

Welche typischen romantischen Elemente kannst du in diesem Gedicht finden?

....

Wie wirkt auf dich die Melodie dieses Gedichtes?

beruhigend   melancholisch   traurig
magisch   störend   erholsam   erfrischend....

Zwischen Romantik und Realismus

Heinrich Heine (1797 Düsseldorf-1856 Paris)

Hören und Verstehen

7 Lies die Fragen vor dem Hören und höre den Dialog zweimal. Rekonstruiere Heines Leben und Werk.

1. Infos über die Familie: .....
2. Beziehung zu Deutschland: .....
3. Reisen: .....
4. Politische Einstellung: .....
5. Umzug: .....
6. Werke, Merkmale und Eigenschaften: .....

Kritisch gegenüber
Deutschland:
Heinrich Heine ▶

Drei Gedichte, viele Gefühle.

a

Das Fräulein stand am Meere
Und seufzte lang und bang,
Es rührte sie so sehre
Der Sonnenuntergang.

Mein Fräulein! sei'n Sie munter,
Das ist ein altes Stück;
Hier vorne geht sie unter
Und kehrt von unten zurück.

H. Heine, *Kleine Lieder*

b

Im wunderschönen Monat Mai,
Als alle Knospen [5] sprangen [6],
Da ist in meinem Herzen
Die Liebe aufgegangen.

Im wunderschönen Monat Mai
Als alle Vögel sangen,
Da hab ich ihr gestanden
Mein Sehnen und Verlangen [7].

Aus meinen Tränen sprießen [8]
Viel blühende Blumen hervor,
Und meine Seufzer [9] werden
Ein Nachtigallenchor [10].

Und wenn du mich lieb hast, Kindchen,
Schenk ich dir die Blumen all,
Und vor deinem Fenster soll klingen
Das Lied der Nachtigall.

H.Heine, *Lyrisches Intermezzo*

c

Kaput 1
Im traurigen Monat November war's,
Die Tage wurden trüber,
Der Wind riß von den Bäumen das Laub [1],
Da reist ich nach Deutschland hinüber.

Und als ich an die Grenze kam,
Da fühlt ich ein starkes Klopfen
In meiner Brust, ...
(.....)
14. Strophe
Ein neues Lied, ein besseres Lied!
Es klingt wie Flöten und Geigen [2]!
Das Miserere ist vorbei,
Die Sterbeglocken schweigen.
(....)

Die Jungfrau Europa ist verlobt
Mit dem schönen Geniusse
Der Freiheit, sie liegen einander im Arm,
Sie schwelgen [3] im ersten Kusse.
(....)
19. u. letzte Strophe
Seit ich auf deutsche Erde trat,
Durchströmen mich Zaubersäfte [4]
Der Riese hat wieder die Mutter berührt,
Und es wuchsen ihm neu die Kräfte.

H. Heine, *Deutschland, ein Wintermärchen*

■Worte&Wörter

1   **s Laub:** Blätter des Baums.
2   **e Flöte(n), e Geige(n):** Musikinstrumente.
3   **schwelgen:** genießen.
4   **r Zaubersaft("e):** magisches Getränk.
5   **e Knospe(n):** Teil einer Pflanze, aus der sich Blüten oder Blätter entwickeln.
6   **sprengen:** explodieren.
7   **s Sehnen und s Verlangen:** Wunsch/Sehnsucht nach jmd haben.
8   **hervorsprießen:** hervorgehen.
9   **r Seufzer(-):** tief ausatmen, weil man leidet oder erleichtert ist.
10 **e Nachtigall(en):** ein Singvogel.

Lesen und Verstehen

8 **Weißt du die Antwort?**

1. Welche Gefühle beherrschen welches Gedicht?

    Liebe   Sehnsucht   Ironie   Heimatliebe   Hoffnung   Melancholie   Heimweh...

    a. ....
    b. ....
    c. ....

2. An wendet sich der Dichter?

    an die Geliebte
    an eine Unbekannte
    an sich selber   an Europa

    a. ....
    b. ....
    c. ....

3. Welche Zeit ist im Gedicht erkennbar?

    Frühling   Herbst   Sonnenuntergang

    a. ....
    b. ....
    c. ....

4. Welche Landschaften werden in den Gedichten beschrieben?

    Wälder   Meer   blühende Wiesen

    a. ....
    b. ....
    c. ....

5. In welchem Gedicht dominiert die Natur?

    a. ....
    b. ....
    c. ....

6. Welche Worte weisen auf die Natur hin?

    a. ....
    b. ....
    c. ....

Georg Büchner (1813 Goddelau b. Darmstadt-1837 Zürich)

Hören und Verstehen

9 Was ist richtig?

1. ☐ Der Realismus entfernte sich vom klassischen Idealismus und wendete sich der Wirklichkeit zu.
2. ☐ Die geschichtlichen Ereignisse hatten keinen Einfluss auf den Realismus.
3. ☐ Merkmale des Realismus waren objektive Betrachtung, sachgenaue Darstellung der Wirklichkeit, Positivismus.
4. ☐ Büchner hat sich nicht für die Armen und Unterdrückten eingesetzt.
5. ☐ Die erste „Gesellschaft für Menschenrechte" wurde von Büchner gegründet.
6. ☐ Büchner ist sehr alt geworden.

Das kühne und revolutionäre Drama-Fragment von G. Büchner hat als Vorlage das dramatische Leben eines armen Naturmenschen, der seine untreue Geliebte umbrachte.
Bilder aus einer Woyzeck-Aufführung des dänischen Betty Nansen Teatret unter der Regie von Robert Wilson und Tom Waits.

Das 20. Jahrhundert

Franz Kafka (1883 Prag-1924 Kierling)

Kafka stammte aus einer jüdischen Familie, hatte ein schwieriges Verhältnis zu den Eltern und verbrachte eine einsame, eher unglückliche Jugend. Die Welt empfand er als zerstörerische Gefahr.

Welche Bücher soll man lesen?

Ich glaube, man sollte überhaupt nur Bücher lesen, die einen beißen[1] und stechen[2]. Wenn das Buch, das wir lesen, uns nicht mit einem Faustschlag auf den Schädel[3] weckt, wozu lesen wir dann das Buch? Damit es uns glücklich macht, wie Du schreibst? Mein Gott, glücklich wären wir eben auch, wenn wir keine Bücher hätten, und solche Bücher, die uns glücklich machen, könnten wir zur Not selber schreiben. Wir brauchen aber die Bücher, die auf uns wirken wie ein Unglück, das uns sehr schmerzt, wie der Tod eines, den wir lieber hatten als uns, wie wenn wir in Wälder verstoßen[4] würden, von allen Menschen weg, wie ein Selbstmord, ein Buch muß die Axt[5] sein für das gefrorene Meer in uns.
F. Kafka, Briefe 1902-1924

Lesen und Verstehen

10 **Weißt du die Antwort?**

Welche Bücher soll man nach Meinung Kafkas lesen?

Wozu soll man überhaupt Bücher lesen?

Wie wirkt auf dich der letzte Satz?

- [ ] wie eine Faust im Magen;
- [ ] wie eine Offenbarung;
- [ ] wie ein Licht im Dunkel;
- [ ] wirkt gar nicht.

Was meinst du, welche Gefühle hatte Kafka, als er diesen Text schrieb?

Bist du mit Kafka einverstanden oder nicht? Kannst du auch sagen, warum?

■Worte&Wörter

1 **beißen:** mit den Zähnen verletzen.

2 **stechen:** mit einem spitzen Gegenstand verletzen.

3 **r Schädel(-):** Knochen im oberen Teil des Kopfs.

4 **verstoßen:** wegschicken, ausschließen.

5 **e Axt("e):** ein Werkzeug, um Bäume zu fällen.

Sprechtraining

11 **Und Du?**

Liest du gern Bücher? Wenn ja, welche?

Bertolt Brecht (1898 Augsburg-1956 Berlin)

8. Etappe
Augsburg

Zuerst Dramaturg in München, dann Regisseur in Berlin, floh Brecht nach dem Reichstagsbrand ins Ausland, lebte bis 1948 in der Emigration, kehrte nach Deutschland zurück und leitete bis zu seinem Tode mit seiner Frau, Helene Weigel, das „Berliner Ensemble". Er ist ein Dichter des gesellschaftlichen Engagements.

Mein Bruder war ein Flieger,
Eines Tages bekam er eine Kart,
Er hat seine Kiste eingepackt,
Und südwärts ging die Fahrt.

Mein Bruder ist ein Eroberer,
Unserm Volke fehlt's an Raum,
Und Grund und Boden zu kriegen, ist
Bei uns ein alter Traum.

Den Raum, den mein Bruder eroberte,
Liegt in Quadaramamassiv
Er ist lang einen Meter achtzig
Und einen Meter fünfzig tief.

B. Brecht, Mein Bruder war ein Flieger in: Kalendergeschichten

Lesen und Verstehen

12 **Weißt du die Antwort? Zu welcher Strophe passt der Satz?**

a. Der Bruder liegt in einem fernem Land begraben: Strophe ....

b. Der Bruder wurde zum Kriegsdienst gerufen: Strophe ....

c. Die Nation hat den Krieg erklärt, um neue Länder zu erobern: Strophe ....

Was ist das eroberte Land? Was meinst du, was wollte uns Brecht in diesem kurzen Gedicht mitteilen?

Friedrich Dürrenmatt
(1921 Konolfingen/Bern-1990 Neuenburg)

9. Etappe
Bern

Dürrenmatts berühmtes Theaterstück *Die Physiker* spielt in einer Irrenanstalt [1]. Dort sind einige Patienten untergebracht, die in Wirklichkeit nicht verrückt sind. Es sind Physiker, die sich hier versteckt haben, weil sie um ihr Leben fürchten.

Gespräche unter Physikern

Möbius: Wir sind drei Physiker. Die Entscheidung, die wir zu fällen haben, ist eine Entscheidung unter Physikern. Wir müssen wissenschaftlich vorgehen. Wir dürfen uns nicht von Meinungen bestimmen [2] lassen, sondern von logischen Schlüssen. Wir müssen versuchen, das Vernünftige zu finden. Wir dürfen uns keinen Denkfehler leisten, weil ein Fehlschluß [3] zur Katastrophe führen könnte. Der Ausgangspunkt ist klar. Wir haben alle drei das gleiche Ziel im Auge, doch unsere Taktik ist verschieden. Das Ziel ist der Fortgang [4] der Physik. Sie wollen ihr die Freiheit bewahren, Kilton, und streiten [5] ihr die Verantwortung ab. Sie dagegen, Eisler, verpflichten die Physik im Namen der Verantwortung der Machtpolitik eines bestimmten Landes (....)

Möbius: Merkwürdig. Jeder preist mir eine andere Theorie an, doch die Realität, die man mir bietet, ist dieselbe: ein Gefängnis. Da ziehe ich mein Irrenhaus vor. Es gibt mir wenigstens die Sicherheit, von Politikern nicht ausgenutzt [6] zu werden.

Worte&Wörter

1 **e Irrenanstalt(en):** Krankenhaus für psychisch gestörte Patienten.

2 **bestimmen:** beeinflussen.

3 **r Fehlschluss("e):** falsche Entscheidung.

4 **r Fortgang:** die weitere Entwicklung.

5 **abstreiten:** negieren.

6 **ausnutzen:** von jmd profitieren, missbrauchen.

13 Weißt du die Antwort?

1. Wer sind die Protagonisten? .....
2. Was für eine Aufgabe haben sie? .....
3. Warum dürfen sie sich keine Denkfehler leisten? .....
4. Welches gemeinsames Ziel haben sie? .....
5. Wie wollen sie dieses Ziel erreichen? .....
6. Warum zieht Möbius das Irrenhaus vor? .....

14 Und Du?

Welche Rolle spielt die Wissenschaft in der aktuellen Gesellschaft? Und welche Rolle spielt sie in deinem Land? Kennst du Beispiele von Missbrauch der Wissenschaft?

Deutschsprachige Literaturnobelpreisträger: Th. Mann, H. Hesse, H. Böll, E. Canetti, G. Grass und E. Jelinek

Thomas Mann (Lübeck 1875-Zürich 1955) Nobelpreis 1929

Tonio Kröger, 1903 erschienen, handelt von den Problemen des jungen Tonio. Einerseits möchte er so sein wie seine Mitschüler aus bürgerlichen Familien, andererseits führt ihn seine künstlerische Sensibilität auf einsame Wege.

Jugendliebe

Die blonde Inge, Ingeborg Holm, Doktor Holms Tochter, der am Markte wohnte, dort, wo hoch, spitzig und vielfach der gotische Brunnen stand, sie war's, die Tonio Kröger liebte, als er sechzehn Jahre alt war. Wie geschah das? Er hatte sie tausendmal gesehen; an einem Abend jedoch sah er sie in einer gewissen Beleuchtung, sah, wie sie im Gespräch mit einer Freundin auf eine gewisse übermutige Art lachend den Kopf zur Seite warf, auf eine gewisse Art ihre Hand, eine gar nicht besonders schmale, gar nicht besonders feine Kleinmädchenhand zum Hinterkopfe führte, wobei der weiße Gazeärmel von ihrem Ellenbogen zurückglitt, hörte, wie sie ein Wort, ein gleichgültiges Wort, auf eine gewisse Art betonte, wobei ein warmes Klingen in ihrer Stimme war, und ein Entzücken ergriff sein Herz, weit stärker als jenes, das er früher zuweilen empfunden hatte, wenn er Hans Hansen betrachtete, damals, als er noch ein kleiner, dummer Junge war.

An diesem Abend nahm er ihr Bild mit fort, mit dem dicken, blonden Zopf, den länglich geschnittenen, lachenden, blauen Augen und dem zart angedeuteten Sattel von Sommersprossen über der Nase, konnte nicht einschlafen, weil er das Klingen in ihrer Stimme hörte, versuchte leise, die Betonung nachzuahmen, mit der sie das gleichgültige Wort ausgesprochen hatte, und erschauerte dabei. Die Erfahrung lehrte ihn, dass dies die Liebe sei.

Hermann Hesse
(1877 Calw-1962 Montagnola/CH)
Nobelpreis 1946

Peter Camenzind, Hesses erste Erzählung aus dem Jahr 1904, machte den Autor mit einem Schlag berühmt. Die Geschichte erzählt von einem Bauernsohn, der sich als sensibler Träumer in seinem Milieu nicht zurecht findet.

11. Etappe
Montagnola

Der Freund

Nun war in unserer Klasse ein ausgelassener Blondkopf, ein Tausendkünstler, Musiker, Mime und Hanswurst. Ich gewann seine Freundschaft nicht ohne Mühe, und der flotte kleine Altersgenosse benahm sich stets ein klein wenig gönnerhaft gegen mich. Immerhin hatte ich nun einen Freund. Ich suchte ihn in seinem Stüblein auf, las ein paar Bücher mit ihm, machte ihm die griechischen Aufgaben und ließ mir dafür im Rechnen helfen. Auch gingen wir manchmal miteinander spazieren und müssen dann wie Bär und Wiesel ausgesehen haben. Er war immer der Sprecher, der Lustige, Witzige, nie Verlegene, und ich hörte zu, lachte und war froh, einen so burschikosen Freund zu haben.

Heinrich Böll (Köln 1917-1985)
Nobelpreis 1972

Ein satirisches Meisterwerk ist Bölls Erzählung *Nicht nur zur Weihnachtszeit*. Als man in der Nachkriegszeit endlich wieder Weihnachten nach der echt deutschen Tradition feiern kann, führt das Verhalten der Tante Milla zu unerwarteten Änderungen im Leben der Familienmitglieder.

12. Etappe
Köln

Tante Milla

Tante Milla war in der ganzen Familie von jeher wegen ihrer Vorliebe für die Ausschmückung des Weihnachtsbaumes bekannt, eine harmlose, wenn auch spezielle Schwäche, die in unserem Vaterland ziemlich verbreitet ist. Ihre Schwäche wurde allgemein belächelt, und der Widerstand, den Franz von frühester Jugend an gegen diesen »Rummel« an den Tag legte, war immer Gegenstand heftigster Entrüstung, zumal Franz ja sowieso eine beunruhigende Erscheinung war. Er weigerte sich, an der Ausschmückung des Baumes teilzunehmen. Das alles verlief bis zu einem gewissen Zeitpunkt normal. Meine Tante hatte sich daran gewöhnt, dass Franz den Vorbereitungen in der Adventszeit fernblieb, auch der eigentlichen Feier, und erst zum Essen erschien. Man sprach nicht einmal mehr darüber.

Auf die Gefahr hin, mich unbeliebt zu machen, muss ich hier eine Tatsache erwähnen, zu deren Verteidigung ich nur sagen kann, dass sie wirklich eine ist. In den Jahren 1939 bis 1945 hatten wir Krieg. Im Krieg wird gesungen, geschossen, geredet, gekämpft, gehungert und gestorben - und es werden Bomben geschmissen - lauter unerfreuliche Dinge, mit deren Erwähnung ich meine Zeitgenossen in keiner Weise langweilen will. Ich muß sie nur erwähnen, weil der Krieg Einfluss auf die Geschichte hatte, die ich erzählen will. Denn der Krieg wurde von meiner Tante Milla nur registriert als eine Macht, die schon Weihnachten 1939 anfing, ihren Weihnachtsbaum zu gefährden.

Elias Canetti (1905 Rustschuk/Bulgarien-1994 Zürich)
Nobelpreis 1981

Die autobiografische Geschichte *Die gerettete Zunge* erzählt von einer ungewöhnlichen Kindheit und Jugend in Bulgarien, England, Österreich und in der Schweiz.

Familienstolz

Rustschuk, an der unteren Donau, wo ich zur Welt kam, war eine wunderbare Stadt für ein Kind, und wenn ich sage, dass sie in Bulgarien liegt, gebe ich eine unzulängliche Vorstellung von ihr, denn es lebten dort Menschen der verschiedensten Herkunft, an einem Tag konnte man sieben oder acht Sprachen hören. Außer den Bulgaren, die oft vom Lande kamen, gab es noch viele Türken, die ein eigenes Viertel bewohnten, und an dieses angrenzend lag das Viertel der Spaniolen, das unsere. Es gab Griechen, Albanesen, Armenier, Zigeuner. Vom gegenüberliegenden Ufer der Donau kamen Rumänen, meine Amme, an die ich mich aber nicht erinnere, war eine Rumänin.

Es gab, vereinzelt, auch Russen.

Als Kind hatte ich keinen Überblick über diese Vielfalt, aber ich bekam unaufhörlich ihre Wirkung zu spüren. Manche Figuren sind mir bloß in Erinnerung geblieben, weil sie einer besonderen Stammesgruppe angehörten und sich durch ihre Tracht von anderen unterschieden. Unter den Dienern, die wir im Laufe jener sechs Jahre im Hause hatten, gab es einmal einen Tscherkessen und später einen Armenier. Die beste Freundin meiner Mutter war Olga, eine Russin. Einmal wöchentlich zogen Zigeuner in unseren Hof, so viele, dass sie mir wie ein ganzes Volk erschienen, und von den Schrecken, mit denen sie mich erfüllten, wird noch die Rede sein.

Rustschuk war ein alter Donauhafen und war als solcher von einiger Bedeutung gewesen.

Günter Grass (1927 Danzig, lebt in der Nähe von Lübeck)
Nobelpreis 1999

Die Blechtrommel, das verfilmte Meisterwerk von Günter Grass: Ein dreijähriger Junge beschließt, sich von der Erwachsenenwelt auszuschließen, indem er nicht mehr wächst. Mit seiner Trommel protestiert er gegen die Nazis und die Gleichgültigkeit der Erwachsenen.

Die Röcke meiner Großmutter

Meine Großmutter trug nicht nur einen Rock, vier Röcke trug sie übereinander. Nicht etwa, dass sie einen Ober- und drei Unterröcke getragen hätte; vier sogenannte Oberröcke trug sie, ein Rock trug den nächsten, sie aber trug alle vier nach einem System, das die Reihenfolge der Röcke von Tag zu Tag veränderte. Was gestern oben saß, saß heute gleich darunter; der zweite war der dritte Rock. Was gestern noch dritter Rock war, war ihr heute der Haut nahe. Jener ihr gestern nächste Rock ließ heute deutlich sein Muster sehen, nämlich gar keines: die Röcke meiner Großmutter Anna Bronski bevorzugten alle denselben kartoffelfarbenen Wert. Die Farbe muss ihr gestanden haben.

Außer dieser Farbgebung zeichnete die Röcke meiner Großmutter ein flächenmäßig extravaganter Aufwand an Stoff aus. Weit rundeten sie sich, bauschten sich, wenn der Wind ankam, erschlafften, wenn er genug hatte, knatterten, wenn er vorbei ging, und alle vier flogen meiner Großmutter voraus, wenn sie den Wind im Rücken hatte. Wenn sie sich setzte, versammelte sie ihre Röcke um sich.

15. Etappe Steiermark

Elfriede Jelinek (1946 Mürzzuschlag-Steiermark, lebt in München und Wien)

Letzte Meldung!

Frankfurter Allgemeine Zeitung   **Feuilleton**   8. Oktober 2004

LITERATURNOBELPREIS 2004 NACH ÖSTERREICH

Die österreichische Schriftstellerin Elfriede Jelinek erhält in diesem Jahr den Literaturnobelpreis. Nur fünf Jahre nach der Auszeichnung von Günter Grass 1999 wird damit überraschend abermals ein Werk deutschsprachiger Literatur gewürdigt, zum ersten Mal seit der Verleihung an Nelly Sachs wieder eine Autorin in deutscher Sprache. Die schwedische Akademie der Wissenschaft würdigte „den musikalischen Fluß von Stimmen und Gegenstimmen" im Werk Jelineks.

Die Protagonistin in Jelineks Roman *Die Pianistin* (1984) ist Mitte Dreißig, hat ein gestörtes Verhältnis zu ihrer Mutter und scheitert beruflich als Klavierlehrerin und in ihrer Identität als Frau.

Erikas Zimmer

Erikas Lebensraum besteht aus ihrem eigenen kleinen Zimmer, wo sie machen kann, was sie will. Keiner hindert sie, denn dieses Zimmer ist ganz ihr Eigentum. Das Reich der Mutter ist alles übrige in dieser Wohnung, denn die Hausfrau, die sich um alles kümmert, wirtschaftet überall herum, während Erika die Früchte der von der Mutter geleisteten Hausfrauenarbeit genießt. Im Haushalt hat Erika nie schuften müssen, weil er die Hände des Pianisten mittels Putzmittel vernichtet. Was der Mutter manchmal, in einer ihrer seltenen Verschnaufpausen, Sorgen bereitet, ist ihr vielgestaltiger Besitz. Denn man kann nicht immer wissen, wo genau sich alles befindet. Wo ist dieser quirlige Besitz jetzt schon wieder? In welchen Räumen fegt er allein oder zu zwein herum? Erika, dieses Quecksilber, dieses schlüpfrige Ding, kurvt vielleicht in diesem Augenblick irgendwo herum und betreibt Unsinn.

Das schönste deutsche Wort

Viele schöne Worte in der deutschen Literatur. Und das schönste? Es lautet *Habseligkeit*. Dann kommt *Geborgenheit* und erst danach das Verb *lieben*. Und schließlich *Augenblick*. Im Frühjahr 2004 hatten der Deutsche Sprachrat und das Goethe-Institut zur Suche aufgerufen. Am internationalen Wettbewerb haben Deutschfans, Muttersprachler und Deutschlehrer aus der ganzen Welt teilgenommen. Die Jury wählte nicht nach der Frequenz, sondern nach der schönsten Begründung, die eine Meldung begleitete. Die Begründung für Habseligkeiten war: *Es verbindet das konkrete, irdische Haben mit der Freude etwas zu besitzen*, d.h. was man besitzt (*hab*) und glücklich (*selig*) macht. Auch die Organisation British Council befragte in 102 Ländern Personen, deren Muttersprache nicht Englisch ist, nach dem schönsten englischen Wort. Die Ergebnisse in der Reihenfolge: *mother* (Mutter), *passion* (Leidenschaft), *smile* (Lächeln) und *fantastic* (phantastisch).

EUROSPRACHEN

15 Und Du? Mache eine Umfrage in deiner Klasse. Gesucht wird das schönste Wort in mehreren Sprachen. Trage die Ergebnisse in die Tabelle ein.

	Platz 1	Platz 2	Platz 3	Platz 4
Deutsch				
Deine Muttersprache				
1. Fremdsprache				
2. Fremdsprache				

Musik im deutschsprachigen Raum: eine kleine Auswahl

Deutsche Liedermacher: Walter von der Vogelweide und Wolf Biermann

Hören und Verstehen

1 Was ist richtig?

1. ☐ Die ersten Musikpartituren waren im 11. Jahrhundert die Lieder der Minnesänger.
2. ☐ Die Minnesänger waren Dichter, aber keine Musiker.
3. ☐ Minne war die höfische Liebe gegenüber der „Herrin".
4. ☐ Frauen hatten an den mittelalterlichen Höfen keinen hohen Rang.
5. ☐ Walter von der Vogelweide lebte immer in Wien.
6. ☐ Er schrieb sowohl Liebeslieder als auch politische Lieder.
7. ☐ Wolf Biermann behandelt weder politische noch soziale Themen.
8. ☐ Biermann lebte in der DDR, aber wegen seiner kritischen Einstellung musste er 1976 den Staat verlassen.
9. ☐ Zur Zeit lebt er wieder in Hamburg, wo er 1936 geboren wurde.

Sprechtraining

2 Und Du ?

Kennst du Liebeslieder aus dem Mittelalter oder Liedermacher aus deinem Land? Welche Themen behandeln sie?

Walter von der Vogelweide (1170 Südtirol-1230? Würzburg)

Unter der Linde

Unter der Linde,
auf der Heide,
da unser beider Lager war,
da könnt ihr schön
gebrochen finden
die Blumen und das Gras.
Vor dem Wald in einem Tal –
Tandaradei-
    sang schön die Nachtigall.

Ich kam gegangen
zu der Aue:
da war mein Liebster schon gekommen.
Da ward ich empfangen –
Gnädige Jungfrau! –
dass ich für immer glücklich bin.
Ob er mich küßte? Wohl tausendmal:
Tandaradei –
    Seht, wie rot mir der Mund!

Da hat er gemacht
so prächtig
ein Bett von Blumen.
Da lacht noch mancher
herzlich,
kommt er jenen Pfad daher.
An den Rosen mag wer wohl -
Tandaradei -
    merken, wo das Haupt mir lag.

Dass er bei mir lag -
wüßte es jemand
(das verhüte Gott!), so schäm ich mich.
Wie er mit mir war,
niemals, niemand
erfahre das als er und ich
und ein kleines Vögelchen,
Tandaradei -
    das kann wohl verschwiegen sein.

Walter von der ▲
Vogelweide

Wolf Biermann ▶

Wolf Biermann (1936 Hamburg)

Dideldumm

1

Nun endlich ist mein Land wieder eins
Und blieb doch elend zerrissen
Aus Geiz und Neid. Kein Aas will im Grund
Vom andern da drüben was wissen.
Der Todesstreifen, man sieht kaum noch
Wo gestern die Wachttürme standen
Wir Deutschen haben uns wieder verloren
Noch eh wir einander fanden
    dideldumm dumm dumm
        dideldumm schrumm schrumm

2

Vier Meter hoch, die Mauer hat uns
Den Himmel zerschnitten. Wir haben
Nun vier Meter tief durch die Erde ein' Riss
Ein deutschdeutscher Raubtier-Graben
Ein Graben teilt unser schönes Land
Darin ist schon mancher ersoffen
Er fiel in die Brühe aus Resignation und
In Jauche aus falschem Hoffen
    dideldumm dumm dumm
        dideldumm schrumm schrumm
(....)

3

Kein Stacheldraht, kein Minenfeld mehr
Kaputt sind die Selbstschussanlagen
Kein Hänschenklein muß nun auf dem Weg
Nach Westen sein Leben mehr wagen
Man schießt nicht mehr weiches Blei ins Fleisch
Man zahlt jetzt in harter Währung
In Leipzig wird rigoros umgestellt
Auf Westwaren alle Ernährung
    dideldumm dumm dumm
        dideldumm schrumm schrumm

4

Ob Wurst, ob Milch, ob Brot, ganz egal
Was Birnen vom Havelland kosten
Man schmeißt doch in Weimar kein Westgeld raus
Für Salzgurken aus dem Osten
Sie saufen nicht mehr ihr eigenes Bier
An Coca-Cola-Zitzen
Da hängen sie nun. Ach die Trottel, sie sägen
Den Ast ab, auf dem sie sitzen
    dideldumm dumm dumm
        dideldumm schrumm schrumm

Meilensteine der deutschen Musikgeschichte Teil 1 (1700-1850)

Bach - Mozart - Beethoven - Schubert - von Weber

 27 **Hören, Verstehen und Genießen** 1/5

3 Ergänze die Hauptinfos. Danach hörst du einige Musikproben von den fünf Komponisten.

Komponist	Geburtsdatum/ Ort	Hauptwerke	Hauptmerkmale/ Weitere Infos	Todesdatum/ Ort
J.S. Bach		1708 erste datierte Kantate *Gott ist mein König*, Johannes-Passion und die Matthäus-Passion; *Kunst der Fuge*, h-Moll Messe		
W. Mozart			Mit 8 Jahren erste Symphonie. Als Wunderkind Reisen durch ganz Europa	
L. van Beethoven		9 Symphonien, 5 Klavierkonzerte, 32 Klaviersonaten, 16 Streichquartette, Oper *Fidelio* und zwei Messen		
F. Schubert			Übergang von der Klassik zur Romantik	
C.M. von Weber			Begründer der deutschen Nationaloper. Hofkapellmeister an der Oper zu Dresden	

Romantik in der Musik

Die Forelle, Franz Schubert

1.
In einem Bächlein helle,
da schoss in froher Eil'
die launige Forelle
vorüber wie ein Pfeil.

2.
Ich stand an dem Gestade
und sah in süsser Ruh'
des muntern Fisches Bade
im klaren Bächlein zu.

3.
Ein Fischer mit der Rute
wohl an dem Ufer stand
und sah' s mit kaltem Blute,
wie sich das Fischlein wand.

4.
So lang' dem Wasser Helle
so dacht' ich, nicht gebricht
so fängt er die Forelle
mit seiner Angel nicht.

5.
Doch endlich ward dem Diebe
die Zeit zu lang. Er macht
das Bächlein tückisch trübe,
und eh' ich es gedacht,

6.
so zuckte seine Rute,
das Fischlein, zappelt' dran,
und ich mit regem Blute
sah die Betrogne an.
(.........)

Text von C. F. D. Schubart (1739- 1791)

 Lesen und Verstehen

4 Welcher Satz passt zu welcher Strophe? Rekonstruiere die richtige Reihenfolge.

Zusammenfassung	Strophe
Am Ufer eines Bächleins steht auch ein Fischer mit der Angel.	
Der Dichter steht am Ufer eines Baches und sieht im klaren Wasser eine Forelle.	
In einem kleinen Bach mit klarem Wasser schwimmt blitzschnell eine Forelle.	
Der Fischer will nicht mehr warten, macht das Wasser trüb, um die Forelle zu fangen.	
Der Dichter ist traurig, weil die Forelle schnell gefangen wird.	
Der Dichter meint, wenn das Wasser klar bleibt, sieht die Forelle die Gefahr und wird nicht gefangen.	

2 6 **Hören und Verstehen**

5 Höre nun die Vertonung des Gedichtes.

    a Wie findest du die Melodie in den drei ersten Strophen?
       ☐ fröhlich ☐ ruhig ☐ aufgeregt ☐ gelassen ☐ traurig ☐ dramatisch ☐ heiter ☐ erholsam
    b Wie wird das Annähern der Tragödie durch die Musik angedeutet? Wie entwickelt sich der Rhythmus?
       ☐ schneller ☐ dramatischer ☐ langsamer ☐ drohender
    c Was hat dich mehr beeindruckt, der Text, die Melodie oder beides? Kannst du auch erklären, warum?

Meilensteine der deutschen Musikgeschichte Teil 2 (1850-1937)

Wagner - Mahler - Berg - Orff

Hören und Verstehen

6 Ergänze die Hauptinfos.

Komponist	Geburtsdatum/ Ort	Hauptwerke	Hauptmerkmale/ Weitere Infos	Todesdatum/ Ort
R. Wagner			Hauptthema: Nibelungensage, 1864 Unterstützung durch den bayerischen König Ludwig II. 1872 (Bayreuth), Gründung des Festspielhauses	
G. Mahler	1860 Kalitsch (Böhmen)	Vertonung von vielen romantischen Liedern. Viele Symphonien, u.a. die 7. Symphonie (1910) in München unter seiner Leitung uraufgeführt		
A. Berg			Schüler von Arnold Schönberg, nahm am Ersten Weltkrieg teil	
C. Orff		Carmina Burana, lateinische Texte aus dem frühen Mittelalter. 1937 Uraufführung		

Hören und Genießen

7 Hier hast du einige Hörproben: Wagner, Mahler, Berg und Orff.

✶ EUROSPRACHEN

8 Erstelle deine mehrsprachige Vokabelliste.

Deutsch	Italienisch	Englisch	Französisch	Spanisch	Weitere Sprache
e Aufführung(en)					
r Dirigent(en)					
e Geige(n)					
s Klavier(e)					
r Klavierspieler(-)					
r Komponist(en)					
s Konzert(e)					
s Lied(er)					
r Liedermacher(-)					
e Melodie(n)					
e Musik(en)					
e Note(n)					
e Oper(n)					
s Orchester(-)					
e Partitur(en)					
e Symphonie(n)					

Sprechtraining

9 Deine Klasse soll ein zweistündiges Konzert mit klassischer Musik organisieren und das Programm festlegen. Diskutiert zu zweit und stellt der Klasse eure Vorschläge vor.

Innenansicht der
◀ Berliner Philharmonie

Redemittel

Anfangen möchte ich mit ...., weil.....
Ich möchte lieber zuerst ..... die ...
Symphonie von ..... , weil....
Einverstanden, aber ....dürfen wir nicht vergessen, weil...
Auch ein Lied von.... muss unbedingt auf dem Programm stehen.
Und was meinst du, wenn wir auch eine Arie aus einer Oper von ...... hätten?
Nicht schlecht , aber auch der österreichische Komponist .... gehört ins Programm, weil ....
Und zuletzt ......

Lerneinheit III

> Bevor wir mit der Besichtigung der Alten Pinakothek anfangen, möchte ich von euch wissen: Welche Künstler aus dem Mittelalter kennt ihr schon?

> In Creglingen habe ich den Holzaltar von Riemenschneider gesehen.

> Und ich habe in Nürnberg das Haus von Albrecht Dürer besichtigt.

Meilensteine der bildenden Kunst

Kunst im Mittelalter

Tilman Riemenschneider (1460-1531)

Riemenschneiders Altar in der Kirche von Creglingen ist ein kostbares Beispiel der Schnitzkunst seiner Zeit.

Mathias Grünewald (um 1470-1528)

Der Isenheimer Altar von Mathias Grünewald ist nach Meinung von Kunsthistorikern ein rätselhaftes Kunstwerk und trägt expressionistische Züge.

▲ T. Riemenschneider, *Mariä Himmelfahrt*, Detail des Marienaltars in der Herrgottskirche in Creglingen

▲ M. Grünewald, *Christi Geburt*, Detail des Hochaltars in der Abtei von Isenheim

Kunst in der Renaissance

Albrecht Dürer (1471-1528)

Seine Werke bezeichnen den Höhepunkt der Spätgotik und den Übergang zur Renaissance. Vor allem seine Selbstbildnisse drücken das Persönlichkeitsbewusstsein der Renaissance aus. Dürer war wohl der erste deutsche Künstler, der sich selbst malte.

◀ A. Dürer, *Selbstporträt mit Landschaft* (1498)

Hans Holbein der Jüngere (1497-1543)

Er ging als Malerfürst und Portraitist der wichtigsten Persönlichkeiten seiner Zeit in die Kunstgeschichte ein. Zu seinen bekanntesten Arbeiten gehören Portraits wie die des *Schreibenden Erasmus von Rotterdam* (1523), *Holbeins Frau mit den beiden älteren Kindern* (1528) und zahlreiche Bilder des europäischen Hoflebens.

▲ **H. Holbein**, *Erasmus* (1523)

Kunst in der Romantik

Caspar David Friedrich (1774-1840)

Die Darstellung innerer Wesenszustände in einer stimmigen äußeren Natur ist der Kern seines Werks. Friedrichs Bilder enthalten ein Universum: Natur und Mensch, das Irdische und das Geistige sind gleichgewichtige Elemente in seiner Malerei.

◄ **C. D. Friedrich**, *Wanderer über dem Nebelmeer* (1818)

> Die Bilder der Romantik sollten mehr erwecken als bezeichnen. Sie sind die kostbaren goldenen Schlüssel, womit, wie alte Märchen sagen, die hübschen verzauberten Feengärten aufgeschlossen werden.
> H. Heine, *Romantische Schule*

Kunst um die Jahrhundertwende

Um die Jahrhundertwende vom 19. zum 20. Jahrhundert rebellierten junge Künstler und Architekten aus Österreich unter dem Namen *Secession* (Trennung) gegen die konservative Kunst. Sie wollten moderne Formen und Muster in die darstellende Kunst einführen. Diese Bewegung verbreitete sich mit unterschiedlichen Bezeichnungen in ganz Europa aus: in Deutschland als *Jugendstil*, in Frankreich als *Art nouveau*, in England als *Liberty*. Ihr bedeutendster Vertreter, Gustav Klimt, gestaltete 1902 den berühmten Beethovenfries, einen Wandzyklus im Wiener Secessionshaus.

Egon Schiele (1890-1918)

Schieles frühe Werke sind stark vom Impressionismus und dem „Wiener Secessionismus" geprägt.

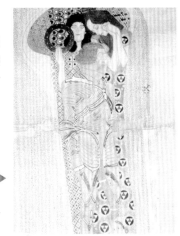

G. Klimt, *Beethovenfries* (1902), Detail ▶

◄ **E. Schiele**, *Agonie* (1912)

F. Marc, *Rotes und blaues Pferd* (1912) ▶

Kunst im 20. Jahrhundert

Der Blaue Reiter (1911-1914)

Nachdem Wassily Kandinsky schon 1901 die Künstlergruppe „Phalanx" und 1909 die „Neue Künstlervereinigung" gegründet hatte, bildete sich um seine Person 1911 in München die Vereinigung „Der Blaue Reiter". Der Name leitet sich von seinem 1903 entstandenen gleichnamigen Gemälde ab. Gemeinsam mit Franz Marc vereinigte der „Blaue Reiter" bedeutende deutsche und russische Maler unter einer expressionistischen Konzeption. Die Künstler verband sowohl eine gemeinsame Vorliebe für mittelalterliche Kunst und den Primitivismus als auch ein starkes Interesse an der zeitgenössischen französischen Kunst des „Fauvismus" und des „Kubismus". Zu den engeren Mitgliedern gehörte u.a. Paul Klee, und in Verbindung mit dem „Blauen Reiter" stand auch der Komponist Arnold Schönberg.

Käthe Kollwitz (1867-1945)

Inspiriert von Gerhart Hauptmanns Drama *Die Weber* schuf die Graphikerin und Bildhauerin Käthe Kollwitz den Zyklus *Ein Weberaufstand* (1895-1898). Der Tod ihres Sohns im Ersten Weltkrieg in Flandern hat sie zu der Plastik *Pietà* inspiriert.

◀ K. Kollwitz, *Weberzug* (1897)

Das Bauhaus (1919-1933)

Die Vertreter des 1919 in Weimar gegründeten Bauhauses machten das Handwerk zur Grundlage ihres künstlerischen Schaffens. Ihr Ziel war auch, Gegenstände und Räume für eine künftige humanere Gesellschaft zu konzipieren. Nach dem Wahlsieg der Nationalsozialisten löste sich die Künstlergruppe des Bauhauses auf.

O. Schlemmer, ▲
Bauhaustreppe (1932)

Die Brücke und der Expressionismus

Die Künstlergruppe „Die Brücke" wurde 1905 in Dresden von vier Architektur-studenten, darunter Ernst Ludwig Kirchner, gegründet. Ihr Ziel war es, neue Wege im künstlerischen Ausdruck zu finden und sich vom tradierten Stil der Akademien zu lösen. Ihr Stil ist als Expressionismus in die Kunstgeschichte des 20. Jahrhunderts eingegangen: Farbe und Form streben nach dem reinen Ausdruck. Diese Steigerung des Ausdrucks wurde durch die Reduzierung der Formen auf das Wesentliche erreicht. Auch die Farbe löste sich bald von der Natur und wurde zum reinen Ausdruck der Emotion.

E. L. Kirchner, *Eine Künstlergruppe* (1926-27)
◀ (Müller, Kirchner, Heckel, Schmidt Rottluff)

Paul Klee (1879-1940)

Die Werke des Schweizer Malers und Graphikers Paul Klee leiten den Betrachter dazu an, sich mit sich selbst auseinander zu setzen. Diese Malintention ist ein Merkmal der modernen Kunst. Klees Werke durchzieht eine Farb- und christliche Symbolik, die sich mit der Darstellung des Menschen in der Natur und Gesellschaft beschäftigt. Neben seiner symbolhaften und ikonographischen Ausdruckskraft verwendet Paul Klee auch geometrische Figuren in seinen Bildern. Zu seinen bedeutendsten Werken zählt das Gemälde *Um den Fisch*.

▲ **P. Klee**, *Übermut* (1939)

Kunst der Gegenwart

Nahezu alle Künstler verschiedenster Gruppierungen suchten Anfang der 1950er Jahre die Befreiung von alten Dogmen. Vollkommen neue Maßstäbe setzte Joseph Beuys (1921–1986). Berühmt sind seine oft missverstandenen Formeln „Kunst ist Leben, Leben ist Kunst" und „Jeder Mensch ist ein Künstler" so wie seine Verbindung mit der Anthroposophie von Rudolf Steiner. Mit seinem „erweiterten Kunstbegriff" hat er die „Soziale Plastik" als Vollendung seiner Kunstphilosophie propagiert.

▲ **J. Beuys**, *Die Verteidigung der Natur* (1983-85)

⁛ EUROSPRACHEN

1 Erstelle deine mehrsprachige Vokabelliste.

Deutsch	Italienisch	Englisch	Französisch	Spanisch	Weitere Sprache
e Akademie(n)					
r Akt(e)					
e Ausstellung(en)					
e Bildhauerei					
e Darstellung(en)					
r Druck(e)					
e Farbe(n)					
r Fries(e)					
s Gemälde(-)					
e Gestaltung(en)					
e Graphik(en)					
e Landschaft(en)					
e Malerei(en)					
s Motiv(e)					
e Sammlung(en)					
s Werk(e)					

Lerneinheit IV

Herr Mayer, schauen Sie mal, auf dem Programm hier steht eine Retrospektive von alten deutschen Filmen.

Das passt ja genau zu unserem Projekt „Berühmte europäische Filme".

Der deutschsprachige Film: eine kurze Retrospektive

Der frühe deutsche Film

Hören und Verstehen

Fritz Lang, *Metropolis* (1925/26) ▶

1 Trage die Hauptinfos in die Tabelle ein

Regisseur	Zeit	Filme	Schauspieler	Themen
Fritz Lang				
F. W. Murnau				
Ernst Lubitsch				
G. W. Pabst				
Leni Riefenstahl				

▲ G. W. Pabst, *Die Büchse der Pandora* (1928)

Sprechtraining

Friedrich Wilhelm Murnau, *Nosferatu* (1931) ▶

2 Und Du?

Welche Filme möchtest du dir (nicht) anschauen und aus welchen Gründen? Werden auch in deinem Land Retrospektiven alter (Stumm)filme gezeigt? Siehst du sie dir an? Wenn nein, warum nicht?

Auch in hohem Alter noch aktiv: Leni Riefenstahl als Fotografin in Afrika ▶

Das Oberhausener Manifest und Der Neue Deutsche Film

Reiner Werner Fassbinder

- **Angst essen Seele auf** (1974) erregte großes Aufsehen. Der Film thematisiert die Liebe zwischen einer alternden deutschen Putzfrau und einem jungen marokkanischen Gastarbeiter.
- **Die Ehe der Maria Braun** (1978) ist als melodramatische Erzählung aus dem Deutschland der Nachkriegszeit international bekannt.
- **Lili Marleen** (1981) basiert auf den Lebenserinnerungen der Sängerin Lale Andersen und wurde ein großer Publikumserfolg.
- **Die Sehnsucht der Veronika Voss** (1982) erzählt die Karriere und das Altern einer Schauspielerin und war Fassbinders letztes Meisterwerk.

Werner Herzog

- **Nosferatu** (1979) als gelungene Verfilmung des bekannten Vampirromans mit Klaus Kinski in der Hauptrolle.
- **Woyzeck** (1979) nach Büchners Drama ebenfalls mit Klaus Kinski als Ärmsten der Armen.
- **Fitzcarraldo** (1982) alias Klaus Kinski ist von der Idee besessen, im unberührten Amazonas-Dschungel ein großes Opernhaus zu errichten.

Wim Wenders

- **Alice in den Städten** (1974). Roadmovie mit Auto, U-Bahn, Flugzeug, Bus, Schwebebahn und Eisenbahn als Reise durch die Zeit zurück zur Kindheit.
- **Der Himmel über Berlin** (1986/87). Engel zeigen Freude, Ängste und Sehnsüchte der Berliner Bevölkerung vor der Wiedervereinigung.

Volker Schlöndorff

- **Der Junge Törless** (1966). Nach dem Roman von Robert Musil. Der junge Kadett Törless besucht eine Militärakademie. Gewaltszenen und Quälereien antizipieren die Pogrome der Nazizeit.
- **Die Blechtrommel** (1979). Oscar für den besten ausländischen Film als Verfilmung des Meisterwerks von Günter Grass. Ein dreijähriger Junge protestiert mit seiner Trommel gegen die Welt der Erwachsenen und beschließt, nicht mehr zu wachsen.

Margarethe von Trotta

- **Die bleierne Zeit** (1981). Die Biographien der Schwestern Christine und Gudrun Ensslin, die in der „bleiernen Zeit" der 1950er Jahre aufgewachsen sind und unterschiedliche Lebenswege gehen. Eine findet als Terroristin einen gewaltsamen Tod.
- **Rosenstraße** (2003). Im Frühjahr 1943 kämpften „arische" Frauen in der Rosenstraße in Berlin erfolgreich für die Freilassung ihrer jüdischen Männer.

3 Der Neue Deutsche Film. Trage die Hauptinfos in die Tabelle ein.

Regisseur	Zeit	Filme	Schauspieler	Themen	Preise
Rainer W. Fassbinder					
Werner Herzog					
Wim Wenders					
Volker Schlöndorff					
Margarethe von Trotta					

Aus einem Kinoprogramm

Abschluss der Trilogie von Edgar Reitz: Heimat 3

Nach *Heimat 1, Eine deutsche Chronik* (Deutschland von 1919 bis Anfang der 1960er Jahre) und *Heimat 2, Chronik einer Jugend* (Deutschland von den 1960er Jahren bis 1989) ist *Heimat 3, Chronik einer Zeitenwende* in sechs Episoden der Kinohit im Herbst 2004. Erzählt wird der Zeitraum von der Maueröffnung 1989 bis zur Jahrtausendwende im wiedervereinigten Deutschland.

Alles auf Zucker

Eine hinreißende Komödie über jüdisches Leben in Deutschland ist *Alles auf Zucker* (2005) unter der Regie von Dani Levi. Der Protagonist Jaeckie Zucker, geboren als Jakob Zuckermann, ist ein deutscher Jude, der allerdings schon seit dem Mauerbau nichts mehr mit seiner Mutter und seinem Bruder Samuel zu tun haben will. Als die Mutter stirbt, steht im Testament, dass die beiden Brüder das große Erbe erst dann bekommen, wenn sie sich wieder versöhnen. Dazu muss Jaeckie sein Leben total umstellen und wie sein Bruder als streng orthodoxer Jude leben. Für Komplikationen ist gesorgt...

Der Untergang

Ein großer epischer Film aus dem Jahr 2005 mit Bruno Ganz in der Hauptrolle, der sich streng an historischen Dokumenten orientiert. Unter der Regie von Oliver Hirschbiegel wird die Schlussphase des 2. Weltkrieges von der Schlacht um Berlin bis zum Selbstmord Hitlers im Bunker unter der Reichskanzlei geschildert. Drehbuchautor und Produzent Eichingers Antwort, ob der Film *politically correct* sei: „Ich finde, es ist an der Zeit, dass wir unsere Geschichte selber beleuchten – ein solches Projekt muss aus Deutschland heraus gemacht werden".

Sophie Scholl - Die letzten Tage

Gleich zwei silberne Bären bekam auf der Berlinale 2005 der Film *Sophie Scholl - Die letzten Tage* für Regie (Marc Rothemund) und für die Hauptdarstellerin (Julia Jentsch). Der Film erzählt von den letzten Tagen der Münchner Studentin Sophie Scholl. Sie wollte sich genauso wie ihr Bruder Hans Scholl nicht mit dem Unrecht der Nazis abfinden und ging, erst 21 Jahre alt, in beispielloser Zivilcourage dem Märtyrertod entgegen.

Streifzüge durch die Filmgeschichte in A und CH

Der erste Preisträger des Großen Österreichischen Staatspreises für Filmkunst in den 1970er Jahren war der Regisseur und Autor Axel Corti (1933-1993), der mit dem Film *Welcome to Vienna* und zahlreichen Literaturverfilmungen darunter *Radetzkymarsch* nach Joseph Roth und *Eine blassblaue Frauenschrift* nach Franz Werfel sehr erfolgreich war. Regisseur Michael Haneke (1942 in München geboren und in Wien aufgewachsen), der 1996 Franz Kafkas *Das Schloss* verfilmte, erhielt bei den 54. Internationalen Filmfestspielen 2001 in Cannes den Großen Preis der Jury für seine Elfriede-Jelinek-Verfilmung *Die Klavierspielerin*.

▲ Isabelle Huppert in Jelineks Verfilmumg
Die Klavierspielerin

Die erste filmische Vorführung in der Schweiz fand 1896 statt. Mit dem Oscar für den besten ausländischen Film wurde *Reise der Hoffnung* (Regie: Xavier Koller, 1990) ausgezeichnet. Viele Schweizer Filmschaffende und Filmkünstler versuchten ihr Glück im Ausland. In den USA wurde der Schweizer Produzent Arthur Cohn, dem sechs Oscars verliehen wurden, mit den Filmen *The Garden of the Finzi-Continis* (1970), *Dangerous Moves* (1984) und *One Day in September* (1999) berühmt.

Vom Terminator zum Governator- Arnold Schwarzenegger

Arnold Schwarzenegger (geboren 1947 in Graz) interessierte sich schon mit 15 Jahren für den Kraftsport, später für Body-Building. 1968 zog er nach Amerika, wo er 13 Weltmeisterschaftstitel gewann und nebenbei auch Psychologie und Volkswirtschaft studierte. Sein Aufstieg war der gelebte Traum vom Tellerwäscher zum Hollywood-Star. Seit seiner Wahl zum Gouverneur von Kalifornien (2003) ist er eine lebende Legende.

⁂ EUROSPRACHEN

1 Erstelle deine mehrsprachige Vokabelliste.

Deutsch	Italienisch	Englisch	Französisch	Spanisch	Weitere Sprache
s Drehbuch("er)					
e Hauptrolle(n)					
e Interpretation(en)					
r Kinoclub(s)					
r Regisseur(e)					
e Retrospektive(n)					
r Schauspieler(-)					
r Stummfilm(e)					
e Verfilmung(en)					

4 Trends

DEUTSCH-EUROPÄISCHE TENDENZEN

Lerneinheit 1

Jugend und Gesellschaft

Was ist deiner Meinung nach bei Jugendlichen

	in	out?
An Bürgerinitiativen teilnehmen.	☐	☐
Cliquen.	☐	☐
Drogen (Alkohol, Haschisch, etc.).	☐	☐
Europa.	☐	☐
Familie.	☐	☐
Freiwillige Dienste leisten.	☐	☐
An etwas glauben.	☐	☐
Jobben.	☐	☐
Karriere machen.	☐	☐
Markenkleidung tragen.	☐	☐
Musik machen.	☐	☐
Schule.	☐	☐
Sich für Politik aktiv einsetzen.	☐	☐
Sich selbständig machen.	☐	☐
Technik.	☐	☐
Toll aussehen.	☐	☐
Treue und Ehrlichkeit.	☐	☐
Verantwortung übernehmen.	☐	☐

Wie stellst du dir deine eigene Zukunft vor?

☐ Eher positiv.
☐ Eher negativ.
☐ Gemischt, mal so mal so.
☐ Keine Ahnung.

Wovor hast du Angst?

☐ Umweltverschmutzung.
☐ Krieg in Europa.
☐ Atomunfall.
☐ Zuwanderung.
☐ Terroranschläge.
☐ Schlechte Wirtschaftslage, steigende Armut.

Was machst du in deiner Freizeit am häufigsten?

☐ Bücher lesen.
☐ Mit Computer oder Playstation spielen.
☐ Im Internet surfen.
☐ In die Disco, auf Partys gehen.
☐ Etwas mit der Familie unternehmen.
☐ Fernsehen.
☐ In die Kneipe gehen.
☐ Etwas Kreatives, Künstlerisches machen.
☐ Videos oder DVDs anschauen.
☐ Musik hören.
☐ Nichts tun.
☐ Shopping.
☐ Mich stylen.
☐ Sport treiben.
☐ Zeitschriften oder Magazine lesen.
☐ Mich in einem Projekt/ Verein engagieren.

 Sprechtraining

1 Vergleiche deine Antworten mit denen deiner Klassenkameraden.

Jugendliche gehen neue Wege

Die 14. Shell-Jugendstudie [1] interviewte im Frühjahr 2002 über 2500 deutsche Jugendliche im Alter zwischen 12 und 25 Jahren. Laut der Untersuchung kann diese Generation in 90 Sekunden um die Welt surfen, in allen Lebenslagen telefonieren und wie im Fernsehen durch das Leben zappen. Rund drei Viertel der jungen Menschen wohnen noch zuhause. Die Clique ist nach wie vor beliebt, die Familie ist aber wichtiger. Die „Null Bock" [2] -Haltung und Protest-Stimmung aus früheren Jahren sind vorbei, an die Zukunft denken Jugendliche im Durchschnitt mit Optimismus. Zum „Glücklichsein" gehört neben der Familie die Karriere als zentrales Ziel. Karriere machen und Verantwortung übernehmen ist für junge Frauen genauso wichtig wie für junge Männer. Alle schätzen Leistung, Sicherheit, Macht und Einfluss. Neben Ordnung und Fleiß spielen aber auch Kreativität, Toleranz und Genuss eine relevante Rolle. An der Spitze der modernen Werte steht die Treue, während das Interesse an Politik abnimmt. Um sich besser zu fühlen, setzen viele Jugendliche auf modische Klamotten und tolles Aussehen.

▲ Nach *Jugend 2000* liegen nun die Daten der 14. Shell-Jugendstudie vor

▌Worte&Wörter

1 **e Shell-Jugendstudie:** Interview mit Jugendlichen im Auftrag der Deutschen Shell AG.

2 **Null Bock:** keine Lust.

Lesen und Verstehen

2 Ergänze.

    1. schätzen die Jugendlichen? ....

    2. ist ihnen wichtiger? ....

Was 3. ist vorbei? ....

    4. steht an der Spitze der modernen Werte? ....

    5. nimmt ab? ....

Aus der Shell-Jugendstudie 2002

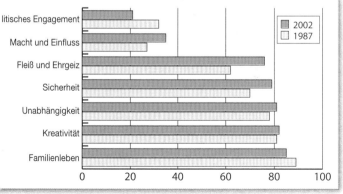

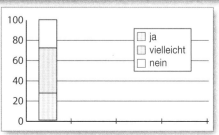

Bedeutende ▲ Werte im Leben der deutschen Jugendlichen (in %). Vergleich zwischen 1987 und 2002

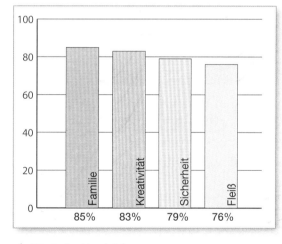

▲ Werte im Vergleich

3 Vergleiche die Angaben in den Graphiken.

    1. Was ist 2002 im Vergleich zu 1987 wichtiger geworden? Was ist nicht mehr so wichtig? Was bleibt immer noch bedeutend?

    2. Wie viele junge Menschen sind an Politik interessiert?

◀ Interesse an Politik

Nesthocker

A Hotel Mama: so richtig schön kuschelig

Der Generationenkampf ist passé. Immer mehr Töchter und Söhne haben es sich bei Mama und Papa kuschelig [1]

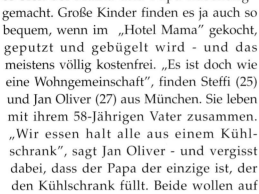

gemacht. Große Kinder finden es ja auch so bequem, wenn im „Hotel Mama" gekocht, geputzt und gebügelt wird - und das meistens völlig kostenfrei. „Es ist doch wie eine Wohngemeinschaft", finden Steffi (25) und Jan Oliver (27) aus München. Sie leben mit ihrem 58-Jährigen Vater zusammen. „Wir essen halt alle aus einem Kühlschrank", sagt Jan Oliver - und vergisst dabei, dass der Papa der einzige ist, der den Kühlschrank füllt. Beide wollen auf

Komfort und Wohnqualität nicht verzichten - und dem Vater ist es im Grunde ganz recht, sie noch daheim zu haben. Jetzt zieht auch noch Christina (24), die zweite Tochter, nach einem Auslandssemester zurück nach Hause. Und Papa heißt auch sie wieder herzlich willkommen.

Lesen und Verstehen

4 Welche Behauptung passt zu welchem Text?

	Text A	Text B
1. Junge Leute fühlen sich zuhause wohl und ziehen daher nicht aus.	☐	☐
2. Wenn man von zuhause auszieht, hat man mehr Freiheit.	☐	☐
3. In Hamburg geht die Zahl der Nesthocker zurück.	☐	☐
4. Es ist ein Vorteil, wenn Mama kostenfrei kocht, putzt und bügelt.	☐	☐
5. Jugendliche finden im Elternhaus mehr Komfort und Wohnqualität.	☐	☐
6. Junge Frauen ziehen früher als junge Männer aus.	☐	☐
7. Viele Eltern haben nichts dagegen, dass die Kinder daheim bleiben.	☐	☐

Nestflüchter

B Frei sein in den eigenen vier Wänden

Junge Hamburger suchen sich immer früher eine eigene Wohnung, die Zahl der Nesthocker [2] sinkt deutlich. Auch Verena B. hat nicht lange gewartet. Sie hat schon mit 18 ihr Elternhaus verlassen. „Von zu Hause ausziehen, das heißt einfach, frei zu sein", sagt die Studentin und befindet sich mit dieser Meinung in guter Gesellschaft. „Die jungen Leute sind selbstständiger und zugleich selbstbewusster geworden. Möglichst schnell in die eigene Wohnung zu ziehen, gehört zu ihrem Selbstverständnis" [3], sagte Rolf von Lüde, Professor für Soziologie an der Universität Hamburg gegenüber dem *Hamburger Abendblatt*. Nach wie vor trifft [4] das allerdings vor allem auf junge Frauen zu - Männer sind bei den so genannten Nesthockern, deutlich in der Mehrzahl.

▌Worte&Wörter

1 **kuschelig:** angenehm, gemütlich.
2 **r Nesthocker(-):** junges Tier, das sich lange von den Eltern ernähren lässt. Das Gegenteil ist ein Nestflüchter.
3 **s Selbstverständnis:** Bild, Vorstellung von sich selbst.
4 **zutreffen:** richtig sein, stimmen.

Vorhang auf!

5 Diskussion zum Thema „Hotel Mama" mit folgenden Rollen:

a. junge Frau, die ausziehen möchte.
b. strenger Vater, der dagegen ist.
c. junger Mann, der weiter bei den Eltern wohnen möchte.
d. Eltern, die sich einen selbständigen Sohn wünschen.
e. Mutter, die ihre Kinder immer bei sich haben will.

Lerneinheit II

Jugendsprache: viele Sprachen

Aus der Schülerzeitung.

In der heutigen deutschen Jugendsprache vermischen sich Wörter und Ausdrücke aus unterschiedlichen Szenen. Auf Schulhöfen, an Imbissständen und in Diskotheken oder U-Bahnen hört man Wörter aus internationalen Rap- und HipHop-Texten, Anglizismen aus der Werbung und Vokabeln der Computersprache, wie z. B. *chatten* oder *downloaden*. Nach dem Motto „Hauptsache, es klingt anders und neu" entstehen neue Formen ganz spontan. In Jugendkreisen kombiniert man Wörter und Ausdrücke ganz bewusst zu einem neuen Sinn oder einfach nach dem Klang. Parallel dazu begeistern sich immer mehr Jugendliche für deutsche Rap-Texte.

Hermann Ehmann
Voll konkret
Das neueste Lexikon der Jugendsprache

beck'sche reihe

Wörterbuch der Jugendsprache 2005

PONS

1 Minilexikon Jugendsprache. Ordne richtig zu.

1. K keinen Turn haben
2. D geh bei Grün!
3. M Chicken Talks
4. B chillen
5. U Club-Hopping
6. T fett
7. R der Laden ist gepackt
8. L echt Zucker!
9. ☐ einen Rap bringen
10. H grottenschlecht
11. A Kiezbotten (Pl.)
12. J macht mal einen Kreis!
13. C r Oliba
14. N e Perle
15. Q pille-palle
16. P r Pose
17. O e Posse
18. G s Schnitzel
19. E was geht ab?
20. F e Zappelbude
21. ☐ eine Ziese quarzen

a. Cowboystiefel
b. sich entspannen
c. Typ mit Oberlippenbart
d. bleib entspannt
e. eine Zigarette rauchen
f. Disco
g. hübscher Junge
h. voll daneben
i. wie geht's?
j. hört mal zu!
k. keine Lust haben
l. richtig süß
m. abwertend für „Mädchengespräche"
n. hübsches Mädchen
o. Clique
p. Angeber
q. ganz leicht
r. die Disco ist ganz voll
s. ununterbrochen reden
t. toll
u. von Disco zu Disco ziehen

SMS: die geheime „stille Post"

Bei der „Handysprache" handelt es sich besonders für Jugendliche um eine „Tippsprache". Eine Art Geheimschrift, ein komprimierter Kode aus Abkürzungen, Punkten, Klammern und Zahlen hilft Texte schnell und mit nicht mehr als 160 Zeichen zu simsen (Sms schreiben). Man schreibt alles, so wie man es spricht. Zahlen ersetzen Worte nach ihrem Laut, viele Kürzel stammen aus englischen Ausdrücken. Wie eine Zauberformel klingt DUBIDODO („Du bist doch doof"), und „Gute Nacht, mein Stern!" lautet „GN8M*".

ABC
WAHAWIMOSCHU
Options

Dein Wortschatz

2 Vom Text zum Kürzel.

3N   BRADUHI   DBDDHKP   DEAND   FÜMIEIN   MUMIDIRE
TWUIPH   WAKDH   WASA   WOBIDUMEDIMA

Beispiel: Wann haben wir morgen Schule?
WAHAWIMOSCHU

1. Wann kommst du heute? ....
2. Treffen wir uns im Pausenhof? ....
3. Brauchst du Hilfe? ....
4. Warte auf schnelle Antwort. ....
5. Doof bleibt doof, da helfen keine Pillen. ....
6. Nie, niemals, nirgendwo. ....
7. Wo bist du, melde dich mal! ....
8. Fühle mich einsam. ....
9. Muss mit dir reden. ....
10. Denke an dich! ....

3 Vom Kürzel zum Text.

WS IST DIE ANTW AUF FRG2?   Was ist die Antwort auf Frage zwei?

WS MCHST DU HTE NCH DR SCHL?   *Was machst du heute nach der Schule?*

DIE KLAU IST 1FACH SCHRKLCH. PG. ....

DR DJ IST GR8. DIE MSK IST 1FACH F@. ....

Blick auf die Nachbarländer

Abschied per SMS

„LEIA" (Liebling, Es Ist Aus). So schnell geht das Heute. 9 % aller Briten machen mit Freund oder Freundin Schluss per SMS. Unter den 15- bis 24-Jährigen ziehen sogar 20 % die Handynachricht dem klassischen Abschiedsbrief vor. 44 % der britischen Mobiltelefonierer benutzen das Handy zum Flirten. Das ist in Deutschland nicht viel anders. Die Deutschen stehen beim Verschicken von SMS nach den Italienern europaweit an zweiter Stelle.

Sprache ohne Worte: Die Emoticons

Beim Simsen, Chatten und Mailen ist die Sprache so verkürzt, dass man eigentlich keine Gefühle ausdrücken kann. Dafür gibt es aber die Emoticons (aus dem Englischen *emotion* = Gefühl und *icon* = Zeichen). Kleine Piktogramme, die wie ein um 90° gedrehtes Gesicht aussehen.

Dein Wortschatz

4 Bist du fit in der Emoticonsprache? Ordne Symbole und Ausdrücke richtig zu.

das sage, meine ich im Ernst - kein Kommentar - ein Küsschen - ich lache - meine Lippen sind verschlossen - Oh nein!!! - eine Rose für dich - da kann ich nur schreien - ich fühle mich traurig - ich fühle mich sehr traurig - ich bin sprachlos - ich trage eine Brille - das überrascht mich - ich verstehe nicht - ich weine - ich habe einen Walkman/Kopfhörer - ich bin skeptisch - das gefällt mir gar nicht.

1. :-(.....................................
2. :-O   ....
3. :-&   ....
4. :-D   ....
5. (...)#   ....
6. [:-)   ....
7. :-o   ....
8. 8-)   ....
9. :-x   ....

10. [:-(.....................................
11. :-((.....................................
12. :-#   ....
13. :'-(.....................................
14. :-| ....
15. :-s   ....
16. :-/   ....
17. @--}-- eine Rose für dich
18. 8-O   ....

DJ-Sprache oder Denglisch

Englisch übt weltweit seinen sprachlichen Einfluss aus. In den letzten fünfzig Jahren hat diese Tendenz in der deutschen Computer-, Umwelt-, Werbe- und Wirtschaftssprache stark zugenommen. In der Jugendsprache spielt Denglisch eine große Rolle: es besteht aus englischen Ausdrücken und Wörtern, die in die deutsche Grammatik eingebaut werden. In Frankreich versucht man mit immer neuen Sprachschutzgesetzen das so genannte „Franglais" zu stoppen: ähnliche Bemühungen und Vorschläge bestehen auch in vielen osteuropäischen Staaten, wie z. B. in Polen, Slowenien, Tschechien und Ungarn.

Hören und Verstehen

5 Ergänze beim Hören das richtige Wort aus der Liste.

> Barkeeper   coole   City   Cover   downloaden   easy   Events   Friends   Links   Net
> super   Trash   trendy   Weekend

High, liebe ...., welcome. Ich komme aus Köln. Das ist eine .... Stadt, eine echte .... eben. Das .... wird hier bestimmt .... Das Nightlife [1] ist abgespaced [2] und die .... groovy [3].

In der Lounge [4] gibt's einen tollen .... und die Record-Release-Party [5] ist richtig .... Was will man mehr? Kein Wunder, dass der ganze Stuff [6] total gehipt [7] wird und dass natürlich jede Menge .... dabei ist. Aber was soll's.

Und nun zur neuen CD von den „Massiven Tönen", die wir bei unserem letzten Event aufgelegt haben. Auf dem .... stehen ein paar .... Damit könnt ihr im .... ganz .... alle News .... Viel Spaß!

Dein Wortschatz

6 Deutscher als Deutsch? Puristen wollen Anglizismen vermeiden.
Probier's doch auch mal und ordne zu.

> Ausgabe   Bericht   Dienst (Dienstleistung)   Ereignis
> Führer (Katalog)   Geschichte   Getränk
> Fahrkarte (Eintrittskarte)   Laden (Geschäft)   Mannschaft
> Nachrichten (Neuigkeiten)

1. Crew, Team   ....
2. Drink   ....
3. Edition   ....
4. Event   ....
5. Guide   ....
6. News   ....
7. Report   ....
8. Service   ....
9. Shop   ....
10. Story   ....
11. Ticket   ....

▌Worte&Wörter

1 **s Nightlife:** Nachtleben.
2 **abgespaced:** ausgeflippt.
3 **groovy:** toll.
4 **e Lounge:** Lokal.
5 **e Record-Release Party:** Party zur Vorstellung einer neuen CD.
6 **r Stuff:** aus Engl. *stuff* (*hier*) das Zeug, das Material.
7 **gehipt:** aus Engl. *hip* = mit Begeisterung aufgenommen.

Ein deutscher Rapper und Poet: Bastian Böttcher (1)

Bastian Böttcher ist in Deutschland ein berühmter Rapper und Poet. Schon Anfang der 90er Jahre hat er mit der Sprache experimentiert und den Rap in die deutsche Lyrikszene eingeführt. Nach vielen CD- und Gedichtveröffentlichungen ist 2004 sein erster Roman *Megaherz* erschienen. Besonders erfolgreich ist Böttchers Lied-Gedicht *Computec*.

 Lesen, Hören und Verstehen

Megaherz: Liebe mit Terror am 11. September ▶

7 Lies und / oder höre den Text *Computec*.

Computec

1. Das Netz lockt. Ich log mich ein. Ich klick' den klein' Startbutton.
2. Ich bin im Nu im Menü drin. Ich lad' den Netscape Navigator[1].
3. Der Cyberspaceinvador[2], hat die Welt in seinen Händen wie Darth Vador[3].
4. Auf diese Weise reise ich schon lange durch das World Wide Web
5. und ich gelange[4] mit Links in fremde Länder,
6. denn ich zapp mich die Links entlang.
7. So gelingt mir der Zugang zu Gedankengängen[5] anderer.
8. Ich, der rastlose Wanderer chat im Net, check die Netiquette[6],
9. hack[7] was aus, browse[8] weiter in die Usenet[9] Newsgroups[10],
10. cruis'[11] durch F.A.Q's von Jesus, Jusos und Usergroups.
11. Ich tu's mit der Konsole aus dem Digi-Tal.
12. Aus dem Silicon Valley[12] mit drag 'n drop[13] und plug 'n play[14].
13. Bei meiner Raillye auf dem digitalen Datendeck lad' ich
14. schwer verschärfte[15] Shareware[16] weg. Und zwar mit Hi Tech.
15. Ich bin immer noch online und zieh mir Chips[17] rein.
16. Zieh Bytes[18] und Bits[19] durch den Mikrochip in Zips[20] rein.
17. Zieh auf meinem Trip durch das Hypertextgeflecht[21] an allerlei Dateien vorbei.
18. Da sind Datenkarteien dabei.
19. Ich taste[22] mich per Tastatur durch die Textur[23].
20. Tour durch wilde Gefielde[24] des Web. www.rap.de!
21. Zapp zu meiner MailBox: zentrifugal@iname.com.
22. Computer Kommunikation und CD-ROM- Kommerz
23. bekommt immer mehr Megaherz Taktfrequenz.
24. Bleib' kompatibel[25] und up to date[26] mit Updates[27]! Auch wenn's mit dem Modem
25. im modernen Medium nur mit Medium-Geschwindigkeit weitergeht,
26. sind die Plugins[28] installiert und Pin-Codes[29] generiert.
27. Mit Shockwave[30] komprimiert werden Midi-Sounds minimiert.
28. Lad' diesen Track[31] mit dem dritten MPG[32] und wirf dich weg[33]! Mit Hi Tech.

▮Worte&Wörter

1 **r Netscape Navigator:** Web-Browser.
2 **r Cyberspaceinvador:** (*hier*) das Internet ist ein Weltraumeroberer.
3 **Darth Vader:** böse Hauptfigur im Film *Star Wars*.
4 **gelangen:** (*hier*) fremde Länder erreichen.
5 **r Gedankengang("e):** Folge der Gedanken.
6 **e Netiquette:** Benimm-dich Regeln im Internet.

■Worte&Wörter

7 **aushacken:** (*Websprache*) sich holen.

8 **browsen:** (*Websprache*) flüchtig lesen.

9 **Unix User Network:** weltweites elektronisches Netzwerk aus Diskussionsforen (Newsgroups).

10 **e Newsgroup:** Gruppe von Internetbenutzern, die Nachrichten austauschen.

11 **cruisen:** (*englisch*) eine Rundfahrt machen.

12 **Silicon Valley:** (*Jugendsprache*) Internet.

13 **drag and drop:** (*englisch*) ziehen und loslassen (mit der Computermaus).

14 **plug and play:** (*englisch*): einstecken und spielen.

15 **verschärft:** (*Jugendsprache*) super.

16 **e Shareware:** Gratissoftware zum Testen.

17 **Chips reinziehen:** (*Jugendsprache*) elektronische Daten aufsaugen.

18 **s Byte:** Informationseinheit von Daten, besteht aus 8 Bits

19 **s Bit:** kleinste Informations- und Speichereinheit in der elektronischen Datenverarbeitung.

20 **s Zip:** komprimierter File.

21 **s Hypertextgeflecht:** vernetzte Daten.

22 **sich tasten:** vorsichtig bewegen.

23 **e Textur:** Schrift.

24 **s Gefilde:** (*poetisch*) Landschaft.

25 **Megaherz Taktfrequenz bekommen:** (*Jugendsprache*) immer erfolgreicher werden.

25 **kompatibel bleiben:** am Ball bleiben.

26 **up to date:** auf dem neusten Stand.

27 **s Update:** (*Computersprache*) Aktualisierung.

28 **s Plugin:** (*englisch*) Programmerweiterung.

29 **r Pin-Code:** (*englisch*) persönliche Identifikationsnummer.

30 **Shockwave:** Name eines Programms.

31 **r Track:** (*englisch*) Musik-Stück.

32 **MPG:** Komprimierungsverfahren für Multimedia-Daten.

33 **wirf dich weg:** (*Jugendsprache*) vergiss' all deine Probleme.

8 Aus welchen zwei Wörtern kommt das Wort *Computec*?

9 Welche Wörter findest du zum Wortfeld *Computer* und zum Wortfeld *Reise*?

EUROSPRACHEN

10 Erstelle deine mehrsprachige Vokabelliste.

Deutsch	Italienisch	Englisch	Französisch	Spanisch	Weitere Sprache
Last-Minute-Angebot					
chatten					
downloaden					
Event					
full-time					
Handy		mobile phone	le portable		
happy					
joggen					
mailen					
simsen		to send a sms	envoyer un mini-message		
surfen					

Schule und Beruf im internationalen Vergleich

Schule
Erstelle ein Assoziogramm.

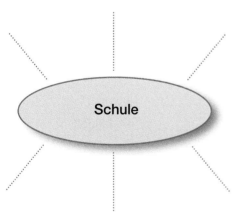

Die PISA-Studie: für manch einen eine böse Überraschung

Die PISA-Studie vergleicht weltweit die Leistungen [1] von 15-Jährigen Schülern und überprüft über mehrere Jahre hinweg ihr Wissen im Lesen, in Mathematik und in den Naturwissenschaften. In der PISA-Studie 2000 bekam das deutsche Bildungssystem einen blauen Brief [2]. Drei Jahre später ist ein leichter Fortschritt bemerkbar, allerdings braucht man nach Meinung der Bildungsexperten viel mehr Zeit, um Schulleistungen wirkungsvoll zu verbessern.

■ Worte&Wörter

1   **e Leistung(en):** was man kann.
2   **der blaue Brief:** Schreiben an die Eltern, wenn die Noten des Schülers schlecht sind, (*hier*) schlechtes Ergebnis.

Die Ergebnisse der PISA-Studie 2003

	MATHEMATIK	Punktwert		LESEN	Punktwert		NATURWISSENSCHAFTEN	Punktwert
1.	HONGKONG (CHINA)	550	1.	FINNLAND	543	1.	FINNLAND	548
2.	FINNLAND	544	2.	SÜDKOREA	534	2.	JAPAN	548
3.	SÜDKOREA	542	3.	KANADA	528	3.	HONGKONG(CHINA)	539
4.	NIEDERLANDE	538	4.	AUSTRALIEN	525	4.	SÜDKOREA	538
5.	LIECHTENSTEIN	536	5.	LIECHTENSTEIN	525	5.	LIECHTENSTEIN	525
6.	JAPAN	534	6.	NEUSEELAND	522	6.	AUSTRALIEN	525
7.	KANADA	532	7.	IRLAND	515	7.	MACAU (CHINA)	525
8.	BELGIEN	529	8.	SCHWEDEN	514	8.	NIEDERLANDE	524
9.	MACAU (CHINA)	527	9.	NIEDERLANDE	513	9.	TSCHECHIEN	523
10.	SCHWEIZ	527	10.	HONGKONG (CHINA)	510	10.	NEUSEELAND	521
11.	AUSTRALIEN	524	11.	BELGIEN	507	11.	KANADA	519
12.	NEUSEELAND	523	12.	NORWEGEN	500	12.	SCHWEIZ	513
13.	TSCHECHIEN	516	13.	SCHWEIZ	499	13.	FRANKREICH	511
14.	ISLAND	515	14.	JAPAN	498	14.	BELGIEN	509
15.	DÄNEMARK	514	15.	MACAU (CHINA)	498	15.	SCHWEDEN	506
16.	FRANKREICH	511	16.	POLEN	497	16.	IRLAND	505
17.	SCHWEDEN	509	17.	FRANKREICH	496	17.	UNGARN	503
18.	ÖSTERREICH	506	18.	USA	495	18.	DEUTSCHLAND	502
19.	DEUTSCHLAND	503	19.	DÄNEMARK	492	19.	POLEN	498
20.	IRLAND	503	20.	ISLAND	492	20.	SLOWAKEI	495
21.	SLOWAKEI	498	21.	DEUTSCHLAND	491	21.	ISLAND	495
22.	NORWEGEN	495	22.	ÖSTERREICH	491	22.	USA	491
23.	LUXEMBURG	493	23	LETTLAND	491	23.	ÖSTERREICH	491
24.	POLEN	490	24.	TSCHECHIEN	489	24.	RUSSLAND	489
25.	UNGARN	490	25.	UNGARN	482	25.	LETTLAND	489
26.	SPANIEN	485	26.	SPANIEN	481	26.	SPANIEN	487
27.	LETTLAND	483	27.	LUXEMBURG	479	27.	ITALIEN	486
28.	USA	483	28.	PORTUGAL	478	28.	NORWEGEN	484
29.	RUSSLAND	468	29.	ITALIEN	476	29.	LUXEMBURG	483
30.	PORTUGAL	466	30.	GRIECHENLAND	472	30.	GRIECHENLAND	481
31.	ITALIEN	466	31.	SLOWAKEI	469	31.	DÄNEMARK	475
32.	GRIECHENLAND	445	32.	RUSSLAND	442	32.	PORTUGAL	468
33.	SERBIEN	437	33.	TÜRKEI	441	33.	URUGUAY	438
34.	TÜRKEI	423	34.	URUGUAY	434	34.	SERBIEN	436
35.	URUGUAY	422	35.	THAILAND	420	35.	TÜRKEI	434
36.	THAILAND	417	36.	SERBIEN	412	36.	THAILAND	429
37.	MEXIKO	385	37.	BRASILIEN	408	37.	MEXIKO	405
38.	INDONESIEN	360	38.	MEXIKO	400	38.	INDONESIEN	395
39.	TUNESIEN	359	39.	INDONESIEN	382	39.	BRASILIEN	390
40.	BRASILIEN	356	40.	TUNESIEN	375	40.	TUNESIEN	385

Lesen und Verstehen

1 Ergänze. Die PISA-Studie testet...

was?	bei wem?	wie?	wie lange?
		durch Tests	

Sprechtraining

2 Und Du?

Spricht man in deinem Land über die Resultate der PISA-Studie? Findest du diese Studie nützlich?
Suche in den drei Listen die Ergebnisse deines Landes und versuche sie zu erklären.

Junge Erfinder

„Was macht den Wettbewerb 'Jugend forscht' so interessant"? Auf diese Frage antworten Isabel Wagner (20), Siegerin im Jahr 2004 und Andreas Neuzner, der im selben Jahr den ersten Preis im Fachgebiet Technik erhielt. Außerdem Thomas Aumeyer und Thomas Morocutti, die österreichischen Sieger von 2001 und Stephan Saladin: Er war 1999 der beste Forscher in der Schweiz.

Hören und Verstehen

Auf einmal ist alles relativ. jugend○forscht 2004
schüler experimentieren

3 Wer sagt was? Ordne zu.

1. ☐ Stephan Saladin

2. ☐ Isabel Wagner

3. ☐ Andreas Neuzner

4. ☐ Thomas Morocutti

5. ☐ Thomas Aumeyer

a. Man freute sich über jeden kleinen Fortschritt. Aus Fehlern wurde gelernt.

b. Wir haben einen Apparat für Lichttherapie entwickelt, um einem Freund zu helfen.

c. Es war irgendwie lustig, etwas Neues zu erarbeiten und nicht nur Fertiges zu lernen.

d. Schon als Kind faszinierten mich Maschinen und Roboter.

e. Ich habe mehrere umweltfreundliche Produkte entwickelt, wie z.B. einen Bastelkleber aus Reis und Gelatine, sowie ein Klebeband aus Chicoree und roter Beete.

Berufsszene: Die Jüngsten

Die jüngste ICE-Führerin (D)

Der jüngste Zirkusdirektor (CH)

Miriam Müller	**Name**	André Sarrasani
23 Jahre	**Alter**	31 Jahre
Sie ist eine ausgebildete Eisenbahnerin im Dienst, und zwar die jüngste auf der Hochgeschwindigkeitsstrecke zwischen Frankfurt und Köln. Alles geschah aus reinem Zufall. Seit einem Jahr führt sie den ICE 3 und mehrere Fernsehsender haben darüber berichtet. Nicht immer will man ihr aber glauben, dass sie mit einem 300 km/h schnellen Zug durch Deutschland rast.	**Die Geschichte**	Er machte zuerst eine Lehre als Schlosser und kehrte mit 17 in den Zirkus seiner Eltern zurück. Mit 20 wurde er technischer Leiter. Vier Jahre später war er mit seinem ersten eigenen Programm „Magic Vision" in der Manege. Dass er der jüngste Zirkusdirektor ist, nutzt er als tolles Marketinginstrument aus.
„Ich bin die jüngste ICE-Fahrerin, aber das bedeutet mir im Beruf nichts, denn da mache ich meine Arbeit, wie jeder andere auch."	**Das sagt sie/er**	„Heute bin ich Magier, Zirkusdirektor und Geschäftsführer der Sarrasani GmbH. Der Jüngste werde ich nicht lange bleiben: die Zeit kann ich noch nicht anhalten, obwohl ich recht viel von Magie verstehe."

Die jüngste Medizinerin (A)

Erst 21 Jahre alt ist Dr. Vera Haslinger, die in der Rekordzeit von siebeneinhalb Semestern ihr Studium an der Universität Wien absolvierte und dabei die Mindeststudienzeit um drei Semester verkürzte. Schneller war sie auch als der bisher jüngste Mediziner, der in Graz mit 22 Jahren den Doktor machte. Vera wollte eigentlich nicht Ärztin werden. Bei ihrer Studienwahl dachte sie zuerst an Pädagogik, Biochemie, Architektur, Veterinärmedizin oder Kultur- und Wassertechnik. Schließlich entschloss sie sich für Medizin, mit dem Vorsatz, sobald wie möglich fertig zu werden. Als Universitätsstudentin beschäftigte sie sich nicht nur mit dem Studium, sondern auch mit Fußball und Leichtathletik. Seit August 2004 arbeitet sie als jüngste Ärztin im Wachauklinikum in Melk und forscht nebenbei zehn Stunden pro Woche in Wien. In ihrer Zukunft möchte sie sich als Sport- oder Kinderfachärztin weiter fortbilden.

Berufe mit Zukunft

Neue Berufe haben nicht nur neue Definitionen. Sie entstehen aus den Ansprüchen einer Welt, die immer technologischer wird. Jugendliche brauchen vernetzte Fachkenntnisse in unterschiedlichen Wissensgebieten. Außerdem Organisationstalent und Flexibilität sowie gute Computerkenntnisse.

Dein Wortschatz

4 Ordne richtig zu.

1. ☐ Allrounder
2. ☐ Bioinformatiker
3. ☐ Event-Manager
4. ☐ Kultur(bau)techniker
5. ☐ Mechatroniker
6. ☐ Mediatoren
7. ☐ Mediengestalter für Digital/Printmedien
8. ☐ Mikrotechnologen
9. ☐ Veranstaltungstechniker

a. besitzen Präzision, Fingerspitzengefühl, hohe Konzentrationsfähigkeit und stellen Mikrochips her.
b. sind im Bereich der audiovisuellen Medien tätig.
c. sorgen für die technischen Anlagen von Musik-Festivals u.a. bei Messen und Ausstellungen.
d. arbeiten als Berater im kaufmännischen oder industriellen Bereich.
e. verbinden Kenntnisse aus der Biologie mit Wissen im Bereich der Informatik.
f. planen und realisieren Messen, Kongresse oder Roadshows.
g. haben hohe Zukunftschancen, seitdem Mechanik und Elektronik als Mechatronik zusammengewachsen sind.
h. vermitteln zwischen zwei Konfliktparteien, um Lösungen zu finden.
i. lösen ökologisch-wirtschaftliche Fragen.

Die erste deutsche Popakademie

In Mannheim als heimlicher Hauptstadt des deutschen Pop, wurde im Dezember 2002 die erste deutsche Popakademie gegründet. Johanna, eine Absolventin und Xavier Naidoo, ein Dozent, erzählen.

Hören und Verstehen

5 Vor der deutschen Popakademie. Lies die Fragen vor dem Hören und höre den Dialog zweimal.

1. Was hat Johanna als 13- und 15-Jährige gemacht? 2. Was ist Johanna wichtig? 3. Wer ist Xavier Naidoo? 4. Was findet er für seine Studenten wichtig?

EUROSPRACHEN

▲ Xavier Naidoo

6 Erstelle deine mehrsprachige Vokabelliste.

Deutsch	Italienisch	Englisch	Französisch	Spanisch	Weitere Sprache
e Ausbildung(en)					
s Ergebnis(se)					
e Kenntnis(se)					
e Kreativität					
s Wissen					

Lerneinheit IV

> Für Freunde und Familie ist nie genug Zeit da.

> Immer nur Schule. Nur am Wochenende können wir mit Freunden zusammen sein und relaxen.

> Wer seine Freizeitaktivitäten nicht sinnvoll wählt, hat zum Schluss gar keine freie Zeit mehr.

> Freizeit? Nur wenn ich schlafe oder wenn ich esse und trinke. Schaut euch mal meinen Terminkalender an!

Montag: Fußballtraining

Dienstag: Computerkurs für den ECDL-Führerschein

Mittwoch: Theatergruppe in der Schule

Donnerstag: Volleyball

Freitag: Disko

Samstag: Kino

Freizeit ohne freie Zeit?

FUN, FUN, FUN in D-A-CH

DEUTSCHLAND
Was Jugendliche zwischen 12 und 19 Jahren am liebsten machen und welche Rolle die Medien spielen

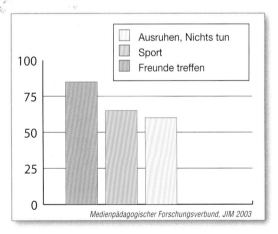

- Ausruhen, Nichts tun
- Sport
- Freunde treffen

Medienpädagogischer Forschungsverbund, JIM 2003

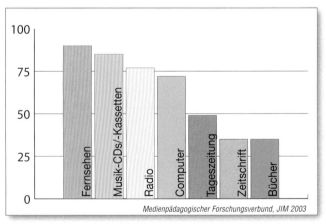

Fernsehen, Musik-CDs/-Kassetten, Radio, Computer, Tageszeitung, Zeitschrift, Bücher

Medienpädagogischer Forschungsverbund, JIM 2003

▲ Umgang mit Medien pro Woche. Angaben in %. Mehrfachnennungen möglich.

ÖSTERREICH
Zwischen 14 und 19: wir wollen Spaß haben

Für 14- bis 19-Jährige bedeutet Freizeit vor allem Spaß haben. Musik und Radio hören, Fernsehen und mit Freunden ausgehen sind die beliebtesten Aktivitäten. Man trifft sich mit Freunden zu Hause, in Lokalen und auf Partys oder chattet im Internet oder per SMS. Mädchen lesen und faulenzen gern, wenn sie sich zurückziehen. Nur 23 % betreiben Sport. Für Jungen sind dagegen „Action" und Sport in der Freizeit enorm wichtig.

Österreich		
Lebensziele		**Mehrfachnennung möglich**
Mädchen	76%	Beruf, der Spaß macht
Buben	80%	Spaß im Leben haben
Wichtigste Bezugspersonen (Kumpel)		
Mädchen	76%	Freundin	40%	Freund
Buben	89%	Freund	22%	Freundin
Freizeitgestaltung		
Mädchen	73%	Musikhören
Buben	72%	Musikhören
PC-Besitz		
Mädchen	33%	eigener PC
Buben	47%	eigener PC
Mediennutzung		
Mädchen	72%	Fernsehen
Buben	78%	Fernsehen
Printmedien-Nutzung		
Mädchen	47%	Jugendzeitschriften
Buben	43%	PC- und Spielemagazine
Taschengeld		
Mädchen	50%	maximal 100 Euro im Monat
Buben	50%	maximal 75 Euro im Monat
Macht Shoppen Spaß?		
Mädchen	55%	macht sehr viel Spaß
Buben	18%	macht sehr viel Spaß

Jugendradar 2003. Vierter Bericht zur Lage der Jugend in Österreich.

SCHWEIZ
Meine Freunde, meine Welt

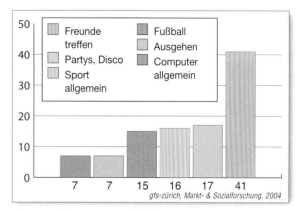

Legende: Freunde treffen, Partys, Disco, Sport allgemein, Fußball, Ausgehen, Computer allgemein

gfs-zürich, Markt- & Sozialforschung, 2004

▲ Angaben in %, Mehrfachnennungen möglich.

Lesen und Verstehen

1 **Vergleiche die Informationen.**

1. Was sind die beliebtesten Freizeitaktivitäten der heutigen Jugendlichen in Deutschland, Österreich und in der Schweiz?
2. Welche Unterschiede gibt es in den Freizeitaktivitäten von Jungen und Mädchen?
3. Was ist bei Jungen und Mädchen gleich?

Sprechtraining

2 **Und Du?**

Was machst du wann und wie oft in deiner Freizeit? Benutze das folgende Wortmaterial:

jeden Tag   einmal in der Woche   einmal im Monat   oft   selten   nie

ausgehen   den Computer benutzen   in einem Chor singen   im freiwilligen Dienst arbeiten
fernsehen   Freunde treffen   Musik spielen   mit anderen reden   Sport treiben   tanzen gehen
einen Tanzkurs besuchen   Theater spielen   einen Verein besuchen

Freiwillig für eine bessere Welt

In Hessen, Rheinland-Pfalz und dem Saarland sind im Technischen Hilfswerk (THW) etwa 14000 junge Helfer freiwillig beim Katastrophenschutz aktiv. Sie üben bei spielerischen Aufgaben, wie man mit einfachen technischen Geräten umgeht und richtiges Verhalten in Notsituationen zeigt. Ihr Training erfolgt immer in kleinen Gruppen, wobei jeder eine bestimmte Rolle übernimmt. Die freiwillige Jugendarbeit hat zwei wichtige Aspekte: einerseits lernen Jugendliche beim THW, wie man anderen Menschen hilft und Verantwortung übernimmt, andererseits verstehen sie, wie es ist, als Erwachsene beim Technischen Hilfswerk zu arbeiten. Gerade nach der Flutkatastrophe in Südostasien im Winter 2004 hat das THW viele Anfragen erhalten von Jugendlichen, die mithelfen wollen. Sinnvolle Freizeit also doch nicht nur in einer reinen Spaßgesellschaft?

Lesen und Verstehen

3 Weißt du die Antwort?

1. In welchen Bundesländern sind Jugendliche im Technischen Hilfswerk (THW) aktiv?
2. Die Jugendlichen
   ☐ spielen in kleinen Gruppen.
   ☐ arbeiten handwerklich mit Geräten.
   ☐ lernen richtiges Verhalten in Notsituationen.
   ☐ lernen Erwachsene vom Technischen Hilfswerk kennen.

Dein Wortschatz

4 Redewendungen und Sprichwörter zum Begriff *Zeit*. Wie sagt man in deinem Land?

1. Kommt Zeit kommt Rat. ....
   ....
2. Ach du liebe Zeit. ....
   ....
3. Es ist höchste Zeit. ....
   ....
4. Die Zeit heilt alle Wunden. ....
   ....
5. Zeit ist Geld. ....
   ....

Jugendliche und das liebe Geld

„Wenn dir etwas gefällt, kaufe es!", „Willst du mehr shoppen, müssen deine Eltern dein Taschengeld erhöhen". Mit solchen Slogans bietet die Konsumwelt den Jugendlichen teure Freizeitaktivitäten, bunte Drinks und Markenklamotten, die Sicherheit und Anerkennung [1] versprechen. Aber nicht nur damit wird ihnen das Geld aus der Tasche gezogen. Wenn man schnell im Internet was für die Hausaufgaben nachschaut oder sich einen neuen Klingelton für's Handy herunterlädt, flattert [2] schon eine dicke Rechnung ins Haus. Immer mehr junge Leute in Deutschland kommen durch hohe Handykosten nicht mehr mit ihrem Taschengeld aus. Jeder zehnte deutsche Jugendliche hat heute Schulden bei Eltern und Verwandten. Die meisten bekommen zwischen 25 und 50 Euro Taschengeld im Monat. Allerdings müssen sie mit Hilfe der Familie, Schule und Jugendeinrichtungen lernen, wie man mit Geld umgeht, um nicht in die Falle zu gehen. In Österreich steht deswegen schon das Fach „Verbraucherbildung" auf dem Stundenplan.

Worte&Wörter

1 **e Anerkennung(en):** Beachtung.
2 **flattern:** (*hier*) kommen.

Dein Wortschatz

5 Erkennst du die versteckten Vokabeln aus dem Text?

AGETSCHLDEN	
WULMEKONST	
KLMAOTTRKENEN	
OSTNDANHYKEN	
NTEERTIN	
KINGTELLON	

Sprechtraining

6 Und Du?

1. Wie viel Taschengeld bekommst du und wofür gibst du es aus?
2. Sind Markenklamotten wichtig für dich?
3. Kennst du jemanden, der mit teuren Internetverbindungen Probleme hatte?
4. Wie kontrollierst du deine Handy-Rechnung?

König Fußball

Deutschlands Sportart Nummer eins hat eine über 100 Jahre alte Tradition. Über 400000 Fans pilgern am Wochenende in die Stadien. Und Fußball ist das beliebteste Gesprächsthema Montag morgens am Arbeitsplatz. Vor dem Fußballboom der letzten 20 Jahre war es anders. Als Ende des 19. Jahrhunderts das Spiel aus England kam, galt es als „undeutsch". 2006 findet die 18. Fußball-Weltmeisterschaft in Deutschland statt. Das Maskottchen ist GOLEO VI, ein frecher Löwe. Vom Slogan GOLeoGO kommt der Name Goleo, und die Nummer sechs bedeutet, dass er das sechste offizielle Maskottchen ist. „Auch der Name zeigt, dass er ein großer Fußballfan ist. Ich glaube, dass Goleo VI ein wirklicher Sympathieträger wird", erklärte der legendäre Fußballspieler Franz Beckenbauer bei Goleos erstem öffentlichen „Auftritt". Das Motto der WM 2006 in Deutschland: „Die Welt zu Gast bei Freunden".

◀ Hannover

Gelsenkirchen ▼

▲ Berlin

Nürnberg ▶

Das Wunder von Bern

Als „Das Wunder von Bern" ging der Sieg der Deutschen bei der Fußballweltmeisterschaft am 4. Juli 1954 in die Geschichte ein. Gezeigt aus den Augen eines 12-Jährigen Fußballfans aus dem Ruhrgebiet in Sönke Wortmanns erfolgreichem Film *Das Wunder von Bern* (2003). Der sensationelle 3:2-Sieg der deutschen Mannschaft über Ungarn im Berner Wankdorfstadion bedeutete viel mehr als nur einen sportlichen Triumph. Zum ersten Mal seit der Stunde Null, d.h. dem Ende des Zweiten Weltkriegs, konnte Deutschland wieder ein kollektives Glück feiern.

Lesen und Verstehen

7 Was ist richtig?

1. ☐ Fußball hat in Deutschland keine Tradition.
2. ☐ Fußball ist in Deutschland Sportart Nummer eins.
3. ☐ Etwa 400000 Fans sitzen am Wochenende in den Stadien.
4. ☐ Am Montag Morgen spricht man am Arbeitsplatz über das Wochenende.
5. ☐ Der Name Goleo bedeutet „Tor".
6. ☐ „Die Welt zu Gast bei Freunden" ist der Slogan der WM 2006.
7. ☐ „Das Wunder von Bern" ist der deutsche Sieg der Fußballweltmeisterschaft 1954.
8. ☐ Deutschland besiegte Ungarn 5:2 im Berner Wankdorfstadion.
9. ☐ Der Film „Das Wunder von Bern" ist nicht sehr bekannt.

Giuseppe Gemiti: deutsch-italienischer Champion der Zukunft?

Erst 24 Jahre alt und schon eine beeindruckende Fußballkarriere als Mittelfeldspieler mit Stationen bei Eintracht Frankfurt, der deutschen Nationalmannschaft U 21 und den italienischen Fußballvereinen Udinese und Genoa. Der perfekt zweisprachige Fußballspieler erzählt aus seinem Leben.

Hören und Verstehen

8 Trage die Hauptinfos in die Tabelle ein.

1. Familie	
2. Sprachen	
3. Ausbildung	
4. Fußballkarriere	
5. Fußballer als Vorbild	
6. Tagesablauf	
7. Charakter	

Sprechtraining

9 Und Du?

Interessierst du dich für Fußball? Welche Rolle spielt Fußball in deinem Land?
Ist Fußball ein beliebtes Gesprächthema in deiner Clique? Hast du eine Lieblingsmannschaft?
Wie stehst du zu der Karriere vieler Fußballer?

Und was kommt nach Fußball?

In Deutschland ist Inline-Skaten nach König Fußball Sportart Nr. 2. Große Inline-Events wie die Skatenights in Stuttgart, Frankfurt oder Karlsruhe ziehen Tausende Fans an. Beim Street-Skaten führen viele Jugendliche ihre Kunst vor. Sie überspringen Parkbänke oder laufen über Treppen hinweg. Stunt-Skater (von *vertikal* auch Vert-Skater) üben auf Sportplätzen mit Skate-Anlagen spektakuläre Flüge (*airs*), Salti vor- und rückwärts (*flips*), Schrauben [1] (*spins*) und sogar Handstände [2] (*inverts*).
An dritter Stelle steht Beachhandball. Im Vergleich zum Handball spielen nur vier Spieler gegen vier auf dem Sandplatz. Besonders attraktiv sind hier Fliegertore (*flyers*). Man bekommt gleich zwei Punkte, wenn man den Ball aus der Luft ins Tor schießt.

Worte&Wörter

1 **e Schraube(n):** (*hier*) spiralige Bewegung.
2 **r Handstand("e):** das Stehen auf den Händen.

Lesen und Verstehen

10 Kennst du die „Goldenen Regeln" beim Skaten? Ordne zu.

1. [g] Trage beim Skaten
2. [ ] Lerne, sicher, schnell
3. [ ] Skate stets so,
4. [ ] Skate auf Wegen
5. [ ] Überhole Fußgänger, Radfahrer oder Skater
6. [ ] Meide Flächen mit
7. [ ] Lass Fußgängern und Radfahrern
8. [ ] Meide

a. immer den Vorrang.
b. nasse, ölige, sandige oder staubige Wege.
c. starkem Fußgänger- oder Radfahrerverkehr.
d. immer links.
e. immer auf der rechten Seite.
f. dass du die Situation unter Kontrolle hast.
g. immer eine vollständige Schutzausrüstung.
h. und rechtzeitig zu bremsen.

EUROSPRACHEN

11 Erstelle deine mehrsprachige Vokabelliste.

Deutsch	Italienisch	Englisch	Französisch	Spanisch	Weitere Sprache
r Fußball(˝e)					
e Mannschaft(en)					
e Niederlage(n)					
r Sieg(e)					
s Spiel(e)					
r Spieler(-)					
s Stadion(...ien)					
s Tor(e)					
e Weltmeister-schaft(en)					

Siebenmeilenstiefel - das Fortbewegungsmittel der Zukunft? Die brandneue Erfindung kommt aus Österreich ▶

Lerneinheit V

Speech bubbles:

Love Parade, Street Parade, Unite Parade: ich hab' was in den Nachrichten gesehen. Weißt du Bescheid?

Im Moment nicht viel, aber wir finden bestimmt Infos im Internet.

Hier: Alles findet im Sommer statt. Cool! Wollen wir hin?

Nach Deutschland, nach Österreich oder in die Schweiz, alles schaffen wir nicht. Die Qual der Wahl!

Jugend = Kultur

Straßenszene in D-A-CH

„Love Parade" Berlin

1989 organisierte DJ Dr. Motte unter dem Motto „Musik spricht tausend Sprachen und alle können sie verstehen" auf dem Kurfürstendamm einen Umzug mit Musik. Der Erfolg war gewaltig. Jedes Jahr kamen nun im Juli Raver und Technofans aus der ganzen Welt zur „Love Parade" nach Berlin. Begleitet von Techno- und House-Musik tanzten die Fans in bunten Phantasiekostümen oder fast nackten, bemalten, oft tätowierten Körpern auf den Love-Mobilen und auf der Straße. Über eine Million Menschen feierten im Zeichen der freien Liebe und des totalen Vergnügens für friedliches Zusammenleben und Toleranz. Im Mai 2004 wurde die Love Parade abgesagt. Nun hofft man auf ein Wiederkommen mit einer alternativen Strecke durch die City Ost oder sogar einer Bootsfahrt auf der Spree. Wird die „Love Parade" zum „Love Boat"?

Ungewisse Zukunft für die ▲ Berliner Love Parade

▲ Ein ganzes Wochenende verwandelt sich Zürich in Europas Party-Mekka

„Street Parade" Zürich

Inspiriert von einem Fernseh-Beitrag über die Berliner „Love Parade" organisierte der Zürcher Mathematikstudent Marek Krynski 1992 auch in der Schweiz eine Demonstration für Liebe, Frieden, Freiheit, Großzügigkeit und Toleranz. Seitdem rollt jedes Jahr im August die „Street Parade" mit 30 bunt dekorierten Lastwagen aus ganz Europa über den Zürcher Asphalt, während das Party-Boot „Watergate" auf dem Zürcher See verkehrt. Im Ravedance flanieren mehr als 750000 Teilnehmer aus der ganzen Welt über die noble Bahnhofsstraße.

„Unite Parade" Salzburg

Schräg, schrill und ultracool: so ist die Salzburger „Unite Parade". Bass-Bands unterschiedlichster Herkunft präsentieren ihren Musikstil auf dekorierten Trucks und junge Menschen ziehen an einem Wochenende im Juli in einem bunten Konvoi durch die Stadt oder amüsieren sich bei Fun–Sport-Aktivitäten. Das Fest hat jedes Jahr ein neues Motto, sein Ziel bleibt aber immer, die Friedlichkeit und Vielfalt der Electronic Community zu beweisen.

▲ Seit 2000 hat auch Österreich seine Parade. Klein, aber fein.

Lesen und Verstehen

1 Vergleiche und ergänze.

A Was wird seit wann und wo gefeiert?

1. ☐ Die Unite Parade.   Seit .... in ....
2. ☐ Die Street Parade.   Seit .... in ....
3. ☐ Die Love Parade.   Seit .... in ....

B Was gibt es wo? Verbinde die linke Spalte mit der rechten Spalte.

1. ☐ In Berlin
2. ☐ In Zürich
3. ☐ In Salzburg

a. rollen 30 bunt dekorierte Lastwagen durch die Stadt und das Boot „Watergate" verkehrt auf dem See.

b. zieht ein Konvoi durch die Stadt und es gibt Fun-Sport-Aktivitäten.

c. die Hoffnung, dass man die erfolgreiche Parade mit Love-Mobilen oder sogar Love-Booten bald wieder feiert.

C Was haben die drei Veranstaltungen gemeinsam? ....

Dein Wortschatz

2

Vom Substantiv zum Verb	Vom Verb zum Substantiv
e Feier →	beweisen →
e Organisation →	demonstrieren →
e Teilnahme →	sich vergnügen →
e Veranstaltung →	starten →

Recherche

3 Und Du?

Suche im Internet oder bei einem Reisebüro Infos zu Straßenveranstaltungen in deinem Land oder in Europa. Berichte dann in deiner Klasse.

Redemittel

1. Kommt alle zur/zum .... in ....
2. Er/sie/es findet am .... in .... statt.
   Die Veranstaltung/Parade beginnt um .... und dauert ....
3. Der Umzug zieht durch .... und führt zum/zur ....
4. Die Teilnehmer sollen ....
5. Außerdem gibt es ....

Ars Electronica

Im 1996 gegründeten Ars Electronica Center (AEC) in Linz spielt „Zukunftstechnologie" die Hauptrolle und verbindet Wissenschaft, Kunst und Gesellschaft. Was früher war und was die Zukunft bringen soll, wartet auf die Besucher mit einer Reihe von interessanten Installationen. Jugendliche

▲ Das Ars Electronica Center in Linz...

können am Computer frei arbeiten und sich interaktiv amüsieren oder im Bereich der weltweit größten online Medienkunst-Archive lernen und forschen. Im Mittelpunkt des Festivals der Ars Electronica steht der Computer als kreatives und künstlerisches Werkzeug für die neuesten Entwicklungen. Außerdem findet ein internationaler Wettbewerb zu digitalen Medien unter dem Motto „*Zukunft ist, was die Jugendlichen bereits heute tun*" statt.

Lesen und Verstehen

4 Weißt du die Antwort?

1. Im Ars Electronica Center kann man .....
2. Ars Electronica ist .....

▲ ... und was man da so alles machen kann

Das Fumetto-Festival in Luzern

Das Fumetto-Festival in Luzern zeigt Jugendlichen die faszinierende Welt der Comicstreifen, die auch Literatur und Geschichte erzählen. Kinder und Jugendliche können hier sogar eigene Comics kreieren und an einem internationalen Wettbewerb in drei Alterskategorien teilnehmen.

Geschichte des deutschsprachigen Comics

Um 1830 entdeckte Goethe in der Schweiz das Manuskript des ersten europäischen Comics im modernen Sinn. Es war eine Bildergeschichte, die der Genfer Schriftsteller und Lehrer Rodolphe Toepffer 1827 gezeichnet hatte.

Mit der Entwicklung der Drucktechnik wurden Bildgeschichten immer erfolgreicher. Wilhelm Busch (1832-1908) schuf die legendären Figuren „Max und Moritz".

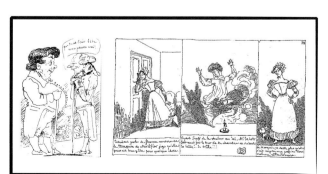

▲ Monsieur Jabot

Max und Moritz ▶

Vater und
◀ Sohn

In der Schweiz entstand im vergangenen Jahrhundert eine kleine, aber feine Comicwelt: Figuren wie „Globi" und „Papa Moll" sind heute alte Bekannte.

Globi,
der blaue
freche
Papagei ▶

In Deutschland wurden H.O. Plauens Geschichten von „Vater und Sohn" zu den bekanntesten Comics des 20. Jahrhunderts. Sie stellen Unterhaltsames und Nachdenkliches aus dem Alltag dar.

Streitkultur: HipHop, Graffiti und Break Dance

HipHop drückt durch Sprache (Rap), Bilder (Graffiti) und Tanzen (Breakdance) Gefühle und Konflikte aus. Graffitis sind Protestbilder, die man oft an Häuserwänden, Brücken und Eisenbahnwaggons findet. Breakdance-Kämpfe sind symbolische Schlägereien. Rapper messen und streiten sich in „Battles" oder „Freestyle-Jams". Im deutschen Rapperwettstreit klingt der Reimkrieg so:

- „Bum! Bum! Klatsch! Ich hau dir auf die Fratz [1] mit den einzelnen Worten oder mit 'nem ganzen Satz" (*Advanced Chemistry*).
- „Kurz und klein schlag' ich dich mit dem Stabreim [2]" (*Moses P*).
- „Die Reimkeule [3] gegen sinnloses Geheule [4]" (*Bastian Böttcher*).
  Respekt verdient der Rapper durch geschickten Umgang [5] mit Reim und Sprache. Außerdem muss er seinen eigenen Stil (Style) haben und Glaubwürdigkeit (Realness) zeigen.

HipHop: (wörtlich: „Hüftsprung"), Rap mit stark rhythmisierter u. melodienarmer elektronischer Musik. Die Texte spielen in Großstädten und behandeln oft Alltagsthemen von unteren sozialen Schichten.

▌Worte&Wörter

1   **e Fratze(n):** Gesicht.
2   **r Stabreim(e):** Reim mit Alliteration.
3   **e Reimkeule:** (*hier*) der Reim als Waffe.
4   **s Geheule:** anhaltendes lautes Weinen.
5   **r Umgang:** (*hier*) Kontakt.

2
19   **Hören und Verstehen**

5 Zwei Mal HipHop-Musik. Trage die Hauptinfos ein.

	Excelsis	Massive Töne
Herkunft		
Teilnehmer		
Entstehung		
beliebte Themen		

Heftige Dichtung: Slam Poetry

Mit der Rap-Musik hat sich auch die Slam Poetry international fortentwickelt. Slam Poetry (auf Deutsch soviel wie *heftige Dichtung*) ist technisch gesehen ein moderner literarischer Wettkampf. Im Mittelpunkt steht das gesprochene Wort. Dichter und Dichterinnen tragen ihre Werke vor. Jeder Teilnehmer hat eine bestimmte Zeitspanne (maximal sieben Minuten), um das Publikum zu überzeugen. Eine Jury, die der MC (der *Master of Ceremony*, der Moderator) aus dem Publikum wählt, bewertet die Leistungen. Die Regeln des Wettstreites: der Text muss selbst verfasst sein und man darf als einziges Hilfsmittel nur ein Mikrofon benutzen. Slam Poetry ist die aktive Seite der Poesie, HipHop ist ein Lebensstil, Rap eine ganz besondere Sprachkultur.

Bastian Böttcher (2)

Anfang der 90er Jahre war Bastian Böttcher (siehe auch Seite 147) der erste deutschsprachige Rapper, der seine Texte als neue Form von Lyrik auf die Bühne brachte. 1997 war er Gewinner des National Slam in Berlin und auch Sieger des 3. internationalen Poetry Slam in Amsterdam.

Erfolgreicher deutscher ▲
Rapper: Bastian Böttcher

Teleliebe

1. Auch wenn dich und mich offensichtlich zig [1] Lichtjahre Luftlinie trennen,
2. bleim [2] wir beide tight [3] wie Barbie und Ken.
3. Wir kennen den kleinsten MiniMilimeter vonananda [4].
4. tanzen auf Distanz - transkontinental. Kein Wunder,
5. denn ich komm im Elektronenfluß mit HyperPulsFrequenz
6. unbegrenzt und ungebremst in deine Hörmuschel zum Telekuscheln.
7. Ich fessel dich dann schnurlos mit meinem Gedichtband.
8. Die Telefongesellschaft scheffelt Cash [5], seitdem ich dich fand.
9. Ich hab zu Dir 'ne LiveSchaltung, bring via SatellitenLeitung
10. tief triefende [6] LiebesLieder, bis wieder die Glasfaser glüht.
11. Wir funken. - Empfangen empfindliche Impulse,
12. strahlen InfrarotReflexe aus. Ich bring für dich 'ne Schnulze [6].
13. 'Ne messy MessageMassage. Vom nackten Nacken bis zum Arsch [7].
14. Extra large spürn wir wie wieder der VibrationsAlarm anspringt.
15. Ich geh ran. Schon wieder du anna [8] Strippe.
16. deine Stimme fließt höchst aufgelöst leicht flüchtig. Und ich slippe
17. in EchtZeit animiert auf deine Matrix Matratze…

Worte&Wörter

1 **zig:** eine unbestimmte Anzahl.

2 **bleim:** bleiben.

3 **tight:** unzertrennbar.

4 **vonananda:** voneinander.

5 **Cash scheffeln:** viel Geld kassieren.

6 **e Schnulze(n):** rühriges Schlagerlied.

7 **r Arsch("e):** *(vulgär)* r Po.

8 **anna:** an der.

Lesen, Hören und Verstehen

6 Lies und / oder höre den Text *Teleliebe*.

1. Notiere Schlüsselwörter, die du verstehen kannst.

   ....

   ....

2. Im Text geht es um .... und um Computer als ....

3. Finde im Text Ausdrücke aus der Internetsprache.

   ....

   ....

4. Böttcher spielt hier mit Worten. Suche Beispiele im Text.

   ....

(Alternativ) Reisen

Radeln und preiswert übernachten

Bett & Bike

Radeln durch Baden-Württemberg von Ulm
bis zum Bodensee. Auf dem Fahrrad kann man Land und
Leute besonders gut kennen lernen. Zum Übernachten
gibt es fahrradfreundliche Hotels der Gruppe
„Bett&Bike". Aber auch die gute, alte Jugendherberge tut
noch ihren Dienst. Viele der 600 deutschen Jugend-
herbergen bieten sogar moderne Wellness- und Sportmöglichkeiten. Die vier Kategorien reichen von
Schlafräumen mit Gemeinschaftsduschen bis zum
komfortablen Doppelzimmer mit Alleinbenutzung.

2
21

Hören und Verstehen

1 Gespräch in einer Jugendherberge. Lies die Fragen
vor dem Hören und höre den Dialog zweimal

1. Wo treffen sich die vier jungen Leute?
2. Infos über Bernd.
3. Infos über Franziska.
4. Infos über Alex.
5. Infos über Claudia.
6. Woher kommen Franziska und Alex?
7. Woher kommen Bernd und Claudia
8. Verkehrsmittel von Bernd und Claudia.
9. Verkehrsmittel von Franziska und Alex.

10. Wie lange sind Bernd und Claudia
    unterwegs?
11. Wie lange sind Franziska und Alex
    unterwegs?
12. Wo haben Franziska und Alex gestern
    übernachtet?
13. Wofür interessiert sich Bernd?

Workcamps: Sinnvolle Ferien

Hören und Verstehen

2 Internationale Begegnungen: Peter und Birgit planen ihren Urlaub. Lies die Fragen vor dem Hören und höre den Dialog zweimal.

1. Aus wie vielen Ländern kommen die Teilnehmer zu den Workcamps?
2. Wie alt sind die Teilnehmer?
3. Wo sind die Camps?
4. Mit welchen Themen beschäftigen sich die Projekte?
5. Bekommt man auch Taschengeld?

6. Muss man selber für das Essen bezahlen?
7. Arbeitet man den ganzen Tag?
8. Was ist das Wichtigste auf den Workcamps?

Ungewöhnliche Übernachtungsmöglichkeit

Rast im Knast

Ein ungewöhnliches Gasthaus, eigentlich ein ehemaliges Gefängnis: hier kann man in einer Zelle mit zwei Betten für 44 Euro übernachten, Frühstück inbegriffen. Besonders bei Radlern und generell bei Klubs ist die Unterkunft im Knast sehr beliebt. Nicht nur weil das spartanische Zellenquartier sehr preiswert ist, man kann auch ganz hervorragend hinter den dicken Mauern feiern: denn egal wie lautstark gesungen oder musiziert wird, nach draußen dringt kein Laut davon.

Sprechtraining

3 Jetzt habt ihr viele Infos, um eure Ferien zu planen. Ihr könnt folgende Punkte behandeln. Danach tragt ihr eure Urlaubspläne in der Klasse vor.

Verkehrsmittel; Ziel; Sehenswertes; Übernachtung; Dauer; Reisekosten; eventuelle Mitfahrer; das Besondere am Projekt.

Finale

Herr Mayer, wie schade, nun ist unser Trip zu Ende. Wir würden sooo gerne weiterfahren!

Und wir haben sicher nicht alles entdeckt, was es in Deutschlan Österreich und in der Schweiz zu sehen gib

ALLES UNTER EINEM D–A–CH
Baustein Europa und Baustein Geschichte

Gemeinsamkeiten und Unterschiede

Vernetze die Informationen aus den Bausteinen *Europa* und *Geschichte* mit den Angaben über die Geschichte von Österreich und der Schweiz.

Stimmt, aber ihr könnt eure Reise durch die Länder D-A-CH auch ohne mich fortsetzen. Nur die Augen auf!

Ok, dann haben wir alles unter einem D-A-CH!

Aus der Geschichte Österreichs

976
Der Name Österreich wird erstmals erwähnt. Die Babenberger, die über die Ostmark herrschen, verlegen um 1150 ihre Residenz nach Wien.

1282
Beginn der Habsburger Herrschaft.

1519
Karl V. von Habsburg wird deutscher Kaiser.

1529 und 1683
Die Türken belagern erfolglos Wien und werden schließlich zurückgedrängt.

1740
Kaiserin Maria Theresia besteigt den Thron.

1780
Der Sohn von Maria Theresia, Josef I., wird zum aufgeklärtesten Monarchen unter den Habsburgern. Sein Toleranzedikt (1780) garantiert die Religionsfreiheit.

1805
Napoleon besetzt Österreich.

1814-15
Fürst Metternich leitet den Wiener Kongress. Österreich bekommt durch Napoleon verlorene Gebiete (Salzburg, Tirol, das Innviertel, Vorarlberg, Lombardo-Venetien und Galizien) zurück, muss aber auf die Niederlande verzichten. Kaiser Franz I. von Österreich schließt sich mit König Friedrich Wilhelm III. von Preußen und Zar Alexander I. von Russland zur Heiligen Allianz zusammen.

1848
Mit dem Studentenaufstan in Wien verbreitet sich die Revolution im Großstaat Österreich. Metternich mus zurücktreten und Kaiser Ferdinand I. dankt ab. Der 18-jährige Franz Joseph I. übernimmt die Herrschaft in der Donaumonarchie.

1867
Mit dem Zusammenschluss von Ungarn und Österreich als zwei unabhängige Staaten unter Franz Joseph I., der nun auch zum König von Ungarn wird, wird die Doppelmonarchie (k.u.k.) begründet.

1914
Der Thronfolger Franz Ferdinand wird in Sarajevo ermordet und der Erste Weltkrieg bricht aus.

1916
Nach dem Tod von Kaiser Franz Josef I. besteigt Karl I. als letzter Habsburger den Thron.

1918-1919
Die Donaumonarchie bricht zusammen und die Erste Republik wird ausgerufen. Das Burgenland kommt zu Österreich und Südtirol zu Italien.

1938

Hitler besetzt Österreich und lässt den „Anschluss" an das deutsche Reich durch eine manipulierte Volksabstimmung bestätigen.
Einmarsch der deutschen Wehrmacht und Österreichs Vereinigung mit Deutschland. („Großdeutsches Reich")

1945

Wien wird als Sitz des Alliierten-Kontrollrats (Frankreich, Großbritannien, Sowjetunion und USA) in vier Sektoren geteilt und Österreich in vier Besatzungszonen (bis 1955). Österreich proklamiert die Zweite Republik.

1955

Als sich die Alliierten zurückziehen, erlangt Österreich seine Souveränität. Der Nationalrat beschließt die immerwährende Neutralität Österreichs, die seither das Fundament seiner Außenpolitik bildet.

1995

Nach einer Volksabstimmung wird Österreich Mitglied in der Europäischen Union.

Aus der Geschichte der Schweiz

5. Jh.

Um 445 erobern die Burgunder aus Deutschland einen Teil der heutigen Schweiz und verdrängen die Helvetier ins Tessin und nach Graubünden. Das übrige Land wird von den Alemannen besiedelt.

9. Jh.

Die Ost-Schweiz kommt 843 an das Deutsche Reich.

10. Jh.

Die West-Schweiz kommt an das Deutsche Reich.

1291

Entstehung der Eidgenossenschaft durch den Zusammenschluss der drei Urkantone Uri, Schwyz und Unterwalden („Ewiger Bund").

1389

Die Habsburger erkennen die Unabhängigkeit der Eidgenossenschaft an.

1798

Es entsteht die Helvetische Republik. (CH = Confoederatio Helvetica).

1814/15

Die 19 souveränen Kantone bilden einen Bund. Auf dem Wiener Kongress erlangen sie Anerkennung dauernder Neutralität.

1848

Liberale Verfassung. Die Schweiz wird zum Bundesstaat und Bern zur Bundeshauptstadt.

1863

Gründung des „Internationalen Komitees vom Roten Kreuz" durch H. Dunant.

1914 –1945

Die Schweiz bleibt im Ersten und Zweiten Weltkrieg streng neutral und bietet vielen Verfolgten Zuflucht.

1963

Beitritt als 17. Land zum 1949 gegründeten Europarat sowie zum Moskauer Atomstopp-Abkommen.

1968

„Globuskrawall" (Jugendunruhen) in Zürich.

1971

Frauenstimmrecht auf Bundesebene (erst Mitte der 1990er Jahre in allen Kantonen).

1974

Beitritt der Schweiz zur Europäischen Menschenrechtskonvention.

1992

Beitritt zum Europäischen Wirtschaftsraum EWR.

2002

Beitritt der Schweiz zur UNO.

5. Jh.

2002

1 Was passiert wo nach dem Wiener Kongress? Ordne zu. Ergänze dann mit Infos zu deinem Land.

1. ☐ Deutschland
2. ☐ Österreich
3. ☐ Schweiz
4. ☐ Europa

a. Es erhält die Gebiete Salzburg, Tirol, das Innviertel, Vorarlberg, Lombardo-Venetien, Illyrien und Galizien zurück und wird wieder zur Großmacht.
b. Zar Alexander I. von Russland, Kaiser Franz I. von Österreich und König Friedrich Wilhelm III. von Preußen schließen sich zur Heiligen Allianz zusammen.
c. Als Nachfolger des Heiligen Römischen Reichs wird der Deutsche Bund gegründet.
d. Europaweite Anerkennung der Neutralität.

2 Was passiert 1848 in den Ländern D-A-CH? Ordne zu. Ergänze dann mit Informationen zu deinem Land.

1. ☐ Deutschland
2. ☐ Österreich
3. ☐ Schweiz

a. Nach dem Studentenaufstand verbreitet sich die Revolution überall. Metternich tritt zurück, Kaiser Ferdinand I. dankt ab.
b. Aufstand der Arbeiter und Bürger. Im Mai 1848 finden die Wahlen zur „Deutschen verfassungsgebenden Nationalversammlung" statt.
c. Gründung des Bundesstaats mit liberaler Verfassung.

3 Wann wurden die drei Länder D-A-CH zu Republiken?

a. 1798 ....
b. 1918 ....
c. 1919 ....

4 Welche Unterschiede kennzeichnen die Länder D-A-CH zur Zeit des Zweiten Weltkriegs? Ergänze die Sätze.

1. Deutschland
a. Die Wehrmacht überfällt .... und ....
Mit dem Kriegseintritt .... und der ....
1943 wendet sich das Blatt. Im Mai 1945 erfolgt ....

2. Österreich
b. Wird von .... besetzt. Muss durch eine manipulierte Volksabstimmung .... und .... erklären.

3. Schweiz
c. Bleibt .... und ....

5 Was hatten Berlin und Wien nach dem Zweiten Weltkrieg gemeinsam?

....

6 Was haben die politischen Systeme der Länder D-A-CH gemeinsam? Du findest Infos auf S. 65.

....

Das zerstörte Berlin nach dem Zweiten Weltkrieg.
Die Ruine der Gedächtniskirche wurde nicht wieder
aufgebaut und dient als Mahnmal ▶

Baustein Geographie

Gemeinsamkeiten und Unterschiede

Der Wald ist „heilig"

Laut einer Umfrage sind die Österreicher ein richtiges „Waldvolk": 70% der Bevölkerung verbringt nämlich die Freizeit am liebsten im Wald, drei Viertel davon halten sich mehrmals im Monat in den Forsten auf. Der Wald, der 47% der österreichischen Staatsfläche bedeckt, ist für die meisten ein „wichtiges Stück Heimat", wo sie vor allem beim Wandern und Sport treiben Erholung suchen. Die „fleißigsten" Waldbesucher sind die Leute aus der Steiermark und aus Kärnten, die „faulsten" sind die Wiener. Auch den

Schweizern bedeutet der Wald viel: dank der Gesetze, die in der Schweiz den Wald schützen, hat die Waldfläche in den vergangenen 150 Jahren ziemlich zugenommen. Heute bedeckt der Wald ein Viertel der Schweizer Gesamtfläche.

1 Vergleiche den Text mit *Zwischen Märchen und Forstwirtschaft: der deutsche Wald* in Baustein *Geographie* (S. 79). Welche Gemeinsamkeiten oder Unterschiede fallen dir auf? Erkläre mit Hilfe der Redemittel.

....
....
....
....

Redemittel

Der Wald .... Fläche in den Ländern D-A-CH.

Eine erste Gemeinsamkeit sehe ich in ....

Die Liebe zur Natur ist ....

Der Begriff „Waldvolk" passt auch zu ...., weil ....

Es gibt Naturschutzgebiete in ...., und zwar ....

Wandern ist eine beliebte Freizeitaktivität in ....

Im Unterschied zu .... ist/hat/gibt es .... in .... nicht so ....

2 Suche nach diesem Beispiel weitere Gemeinsamkeiten zwischen den Ländern D-A-CH.

1. Bildung: ....
2. Freizeit: ....
3. Landschaften: *Die Alpenlandschaft ist in Deutschland, Österreich und in der Schweiz ähnlich.*
4. Leute: ....
5. Probleme: ....
6. Städte: ....
7. Umwelt: ....
8. Wirtschaft: ....

3 Und wo gibt es deiner Meinung Unterschiede?

1. Bildung: ....
2. Freizeit: ....
3. Landschaften: ....
4. Leute: ....
5. Nationalsprachen: *Im Unterschied zu Deutschland gibt es in der Schweiz vier Nationalsprachen.*
6. Probleme: ....
7. Städte: ....
8. Umwelt: ....
9. Wirtschaft: ....

Baustein Kultur

Parallelen in der Literatur der Länder D-A-CH

1 Vergleiche und ergänze mit Hilfe von Baustein *Kultur* einige wichtige Etappen der Literaturgeschichte.

Länder D-A-CH				Dein Land	
Jahr-hundert	Land	Autoren/ Bewegung	Themen	Autoren/ Bewegung	Themen
18. Jh.		Goethe Sturm und Drang	- Herausforderung - Religion - Kraft - Rebellion		
18.-19. Jh.		Weimarer Klassik			
19. Jh.			- Naturverbundenheit - Sehnsucht - Nacht		
19. Jh.		Zwischen Romantik und Realismus	- Landschaft - Ironie - Geschichte		
19. Jh.		G. Büchner	- Wirklichkeit - soziale Problematik		
20. Jh.	A		- Welt als zerstörerische Gefahr - schwierige Verhältnisse		
20. Jh.			- Kritik an der Gesellschaft		
20. Jh.	CH	F. Dürrenmatt	- Verantwortung in der Wissenschaft		
20. Jh.		Nobelpreisträger			
21. Jh.		E. Jelinek			

Baustein Trends

Kontakte und Begegnungen

1 Berichte über deine Erfahrungen in den Ländern D-A-CH.

2 Bereite ein Interview zu einem der folgenden Themen mit einem Jugendlichen aus den Ländern D-A-CH vor. Für die Fragen findest du Material im Baustein *Trends*.

- Cliquen • Eltern-Kinder-Beziehung
- Freiwilliger Dienst • Freizeit • Freundschaft
- Hoffnungen auf die Zukunft • Job
- Jugendsprache • Jugendvereine • Mode
- Musik • Reisen

Redemittel

Junge Leute aus deutschsprachigen Ländern habe ich beim Schüleraustausch / beim Praktikum / bei einem internationalen Ferienkurs / privat / im Urlaub im Ausland / in meinem Land / in einem Workcamp / im Brief- und Mailaustausch / beim Chatten / bei einer Sport- oder Musikveranstaltung / bei einem Wettbewerb (Forschungsprojekt u.s.w.) kennen gelernt.

Über junge Leute in Deutschland, Österreich oder in der Schweiz informiere ich mich in meinem Land im Fernsehen / im Radio / im Kino / in Zeitschriften im Internet.

In meinem Land gibt es Partnerschaften mit Städten in D-A-CH / mit Schulen und Institutionen .....

Redemittel

- Jugendliche lieben Orte, die .....
- Die beliebteste Freizeitaktivität ist .....
- Vereine, Clubs oder Ähnliches besuchen .....
- Am wichtigsten ist die Beziehung zu ....., am zweitwichtigsten ist ....., an dritter Stelle kommt .....
- Eher unwichtig sind die Gebiete .....und .....
- Für Politik interessieren sich .....
- Meiner Meinung nach gibt es Gemeinsamkeiten bei ..... und Unterschiede bei .....

3 Vernetze die Informationen aus dem Baustein *Trends* und vergleiche sie mit deinem Land. Welche Gemeinsamkeiten und Unterschiede fallen dir auf? Folgende Fragen und Redemittel helfen dir.

1. Wie geht es Jugendlichen in der Schule, in der Lehre oder am Arbeitsplatz?
2. Welche Themen beschäftigen sie am meisten?
3. Was halten sie von ihrem Land und von Europa?

4 Vergleiche die Texte *Nesthocker* und *Nestflüchter* (S. 142) und den untenstehenden Text mit der Situation in deinem Land. Auch hier hast du Redemittel.

Das liebe Elternhaus

Laut einer „Jugendbefragung der Stadt Zürich 2004" wohnen in Zürich die meisten Jugendlichen über 20 Jahren noch bei den Eltern. Sie sind momentan zufrieden, wünschen sich aber so bald wie möglich eine eigene Wohnung oder eine Wohngemeinschaft. Das Problem ist das Geld. Parallel dazu erklärt der Bericht über Jugend in Österreich (Jugendradar 2003),

Redemittel

- Junge Leute möchten ....., aber .....
- Im Elternhaus leben ....., weil sie ....
- Meiner Meinung nach sollten Jugendliche .....
- In meinem Land sind/haben Jugendliche .....

dass junge Österreicher/innen im Alter von 14 bis 30 Jahren „im Elternhaus Wohnen" attraktiv finden, besonders junge Männer, die bei schwierigen Situationen Rat und Unterstützung der Eltern genießen.

5 Trends auch in deinem Land? Berichte.

LE II   a. Gibt es eine Jugendsprache in deinem Land? Wenn ja, sind Ausdrücke aus dem Englischen da auch ein wichtiges Element?

        b. Wozu benutzen Jugendliche den Computer und das Handy? Gibt es auch eine SMS-Sprache?

LE III   a. Spricht man in deinem Land über die Ergebnisse der PISA-Studie? Wenn ja, in welchem Bereich hat dein Land die besten Resultate?

        b. Gibt es in deinem Land wissenschaftliche Wettbewerbe für junge Leute? Wie findest du das Projekt „Jugend forscht"? Möchtest du daran teilnehmen?

        c. Welche sind die „neuen" Berufe in deinem Land? Was möchtest du werden und warum?

LE IV   a. Was machen junge Leute mit ihrem Taschengeld? Haben sie Probleme?

LE V   a. Gibt es eine Straßenszene in deinem Land?

        b. Wo können Jugendliche im Informatik-Bereich Erfahrungen sammeln?

        c. Liest du gerne Comics? Welche deutschen Comics kennst du?

        d. Gibt es in deinem Land eine Rap-Sprache? Wo und wann treffen sich die Rapper?

LE VI   a. Wie verbringen Jugendliche ihre Ferien? Wohin fahren sie? Mit welchen Verkehrsmitteln?

Typisch deutsch, oder?

6 Trage folgende Stichwörter in die entsprechenden Spalten ein.
Was fällt dir dabei auf? Gibt es ähnliche Begriffe in deinem Land?

Alpenrepublik   Autobahn   Bankgeheimnis   Besatzungszonen
Bierkrug   Brathähnchen   Bundesrat   Datenschutz   Demokratie
DB   Einwanderungsland   Edelweiß   Euro   Europäischer Lebenslauf
EU-Verfassung   Expo   Feierabend   freiwillige Hilfsorganisationen
Fußball   Gastfreundschaft   Geiz   Gelassenheit   Herzlichkeit
Humor   Jodler   Kaffeekännchen   Kulturstädte   Love Parade
Mauer   Neutralität   ÖBB   Palatschinken   Perfektionismus
Pflichtbewusstsein   Politische Parteien   Präzision   Reiseträume
Rösti   Rotes Kreuz   SBB   Skischule   Sprachenportfolio   Street
Parade   Tannenbäume   Toleranz   Unite Parade   Volksabstimmung
Volkswagen   Wende   Wessis und Ossis   Wiedervereinigung
Zukunftsprojekte

D	A	CH	Dein Land
	Alpenrepublik	Alpenrepublik	
Autobahn	Autobahn	Autobahn	
		Bankgeheimnis	
Besatzungszonen	Besatzungszonen		

Deutschland

Rent a German

Lust nach *Generation E* einen Deutschen oder eine Deutsche hautnah zu erleben? Einfach mal fürs Wochenende zu mieten? Nur den Suchbegriff „rent a german" ins Internet eingeben und schon ist das Angebot da. Von einem seriösen Deutschen als Begleiter beim Business-Talk bis zur Deutschen, die die Wohnung gemütlich einrichtet und deutsch kocht. Die Preise? Ab 950 Euro aufwärts.

Schweiz

Hochdeutsch als Rettung?

Die mäßigen Deutschkenntnisse der Schweizer Schüler führen zu einer Revolution in den Schulen des Kantons

Zürich. Was woanders in der Schweiz schon Gesetz ist, gilt ab Herbst 2005 auch im Kanton Zürich: Der Unterricht findet nur noch auf Hochdeutsch statt, und

das schon ab der ersten Klasse. Schwyzerdütsch raus aus dem Sport-, Musik- und Kunstunterricht und kein *Puff* (hochdeutsch: *Durcheinander*) mehr in den Arbeitsgruppen.

Österreich

Gesundes Selbstwertgefühl: Österreicherinnen finden sich schön

Während im nationalen Durchschnitt (befragt wurden 3200 Frauen in Brasilien, Kanada, Frankreich, Italien, Japan, den Niederlanden, Portugal, Großbritannien und den USA) nur 13 % mit ihrem Aussehen „sehr zufrieden" sind, sind es in Österreich rund 22 %. Als „gut aussehend" betrachten sich weitere 23 % der Befragten und als „feminin" 15 %. Unbekannt bleibt, woher die Österreicherinnen ihr Selbstbewusstsein nehmen. Sehen sie sich in der Tradition der legendären Prinzessin Sissi oder sind es die österreichischen Männer? Ein Kommentar von Schwarzie fehlt.

Daniela Strigel, ▲
Miss Austria 2004

Die neuste Bucherscheinung

Wo *Generation E* aufhört, macht *Euroflirt* weiter: Ideen, Tipps und schlaue Sprüche zum Flirten in Deutschland mit Übersetzung auf Italienisch, Englisch, Französisch und Spanisch ▶